Alexander Baumgartner

Calderon Festspiel zum 25, Mai 1881

Alexander Baumgartner

Calderon Festspiel zum 25, Mai 1881

ISBN/EAN: 9783743353213

Hergestellt in Europa, USA, Kanada, Australien, Japan

Cover: Foto ©ninafisch / pixelio.de

Manufactured and distributed by brebook publishing software (www.brebook.com)

Alexander Baumgartner

Calderon Festspiel zum 25, Mai 1881

Calderon.

Festspiel zum 25. Mai 1881.

Mit einer Einleitung über Calderons Leben und Werke.

Von

Alexander Baumgartner S. J.

Mit dem Bildniß Calderons in Lichtdruck.

Zweite, vermehrte und verbesserte Ausgabe.

Freiburg im Breisgau.
Herder'sche Verlagshandlung.
1881.
Zweigniederlassungen in *Strassburg*, *München* und *St. Louis*, Mo.

Zur Calderon-Feier am 25. Mai 1881.

Am 25. Mai sind es 200 Jahre, daß Don Pedro Calderon de la Barca (nach seiner Mutter auch wohl Henao y Riaño zubenannt), Ritter des Ordens von San Jago, Priester, Ehrenkaplan des Königs und der reyes nuevos der heiligen Kirche von Toledo, frieblich seinen Geist in die Hände seines Herrn und Schöpfers zurückgab. Er starb in einer fast ärmlich bescheidenen Wohnung von Madrid, wie er gelebt, als ein anspruchsloser Geistlicher, ein seinem Beruf, seinem Glauben und seiner Kirche mit unwandelbarer Treue ergebener Priester.

Wenn ein literarisches Jubiläum die begeisterte Theilnahme der Katholiken Deutschlands verdient, so ist es gewiß dieses — es ist das Jubiläum eines der größten katholischen Dichter, ein Jubiläum christlicher Dichtung und christlicher Kunst.

Die schönste Art, ein solches Fest zu feiern, wäre allerdings, wenn zahlreiche Bühnen nicht bloß seine weltlichen Dramen, sondern auch seine Autos zu Ehren brächten. Die liebevolle Sorgfalt und Mühe, welche Otto Devrient einer entsprechenden Aufführung des Göthe'schen Faust gewidmet hat, wäre an diese Meisterwerke gewiß ebenso wenig verschwendet. Ja, diese herrlichen religiösen Dramen verdienten es gewiß ebenso gut, als das Passionsspiel von Oberammergau, ein Wallfahrtsort des kunstliebenden Publikums zu werden.

Da man indeß eine solche Calderon-Feier wohl kaum hoffen darf, so muß man sich damit begnügen, wenigstens die Aufmerksamkeit der Katholiken auf diesen verdienstvollen Dichter zu lenken. Das war der Zweck des vorliegenden Festspiels, das ursprünglich nur — an Stelle eines literaturhistorischen Festartikels — für eine katholische Zeitschrift geschrieben wurde. Die Kritik möge also keine höhere Anforderung daran stellen, als man etwa an den Text eines Festzuges stellt. Um das kleine Festspiel auch Jenen verständlich zu machen, die sich noch wenig mit Calderon beschäftigt haben, schicke ich jetzt eine kurze Skizze über Calderons Leben und Werke voraus, wozu ich außer den Werken des Dichters selbst hauptsächlich die Werke von Schack und Valentin Schmidt, die Übersetzungen von Gries und Eichendorff, sowie die trefflichen Einleitungen Lorinsers zu den Autos und größeren Schauspielen Calderons benützte.

Diesen Männern ist das katholische Deutschland hinsichtlich Calderons zum größten Danke verpflichtet, und gerade weil die drei Ersteren nicht unserer Confession angehören, halte ich es für eine Ehrensache, daß wir die Calderon-Feier nicht vorübergehen lassen, ohne ihnen diesen verdienten Dank auch öffentlich abzustatten.

Antheil an diesem Danke gebührt dem Romantiker A. W. von Schlegel, welcher den spanischen Dichter zuerst der Vergessenheit entriß und die ersten Uebersetzungen desselben lieferte, dann auch Göthe, welcher zuerst Calderon'sche Dramen in Deutschland auf die Bühne brachte und durch sein Ansehen eine vorurtheilsfreiere Beurtheilung des katholischen Dramatikers begründete.

A. Friedr. v. Schack hat dann in seinem classischen Werke „Geschichte der dramatischen Literatur und Kunst in Spanien" (Frankfurt a. M., Baer, 1845, 1854) eine gründliche Darstellung und Würdigung der spanischen Bühne überhaupt und ihres größten Bühnendichters gegeben, mit einer Gründlichkeit, Gerechtigkeit, Treue und liebevollen Begeisterung, welche die höchste und dankbarste Anerkennung verdient. Der allzufrüh verstorbene Val. Schmidt (Die Schauspiele Calderons. Elberfeld 1857) hat die Studien Schacks durch einen überaus fleißigen kritischen Apparat für die einzelnen Stücke vermehrt. Gries und Eichendorff haben das Verdienst, zuerst eine größere Anzahl der Schauspiele Calderons in mustergiltiger Weise übersetzt zu haben. Herr Lorinser endlich hat sich an das schwierige Werk gewagt, nach und nach die geistlichen Schauspiele des großen Spaniers dem deutschen Publikum zugänglich zu machen. Noch ehe diese umfangreiche Arbeit zum Abschluß gediehen, hat er uns die „Größeren Dramen Calderons" (Freiburg i. B., Herder, 1875) in vorzüglicher Übersetzung geschenkt. Möge die Calderon-Feier zum Anlaß werden, daß sich diese Werke mehr als bisher durch das ganze katholische Deutschland hin verbreiten.

Da das stille, schlichte Leben Calderons kaum Stoff zu einem Festspiel bot, so lag der Gedanke nahe, seine Poesie selbst zum Vorwurf desselben zu machen und in einem Maskenzug mit einem kurzen Schluß-Autos den Reichthum und den Charakter der Poesie Calderons zu skizziren. Von selbst drängte sich auch bei der Festfeier eines so urkatholischen Dichters der Gedanke auf, ihn im Gegensatz zum sogenannten modernen Geiste zu betrachten, d. h. jener indifferentistischen, ungläubigen Zeitrichtung, welche uns allüberall nicht bloß in Deutschland — begegnet und welche mit Calderons innerstem Wesen in so tiefem Gegensatze steht. Als prägnante Typen dieser modernen Geister stellten sich Spinoza, Lessings Nathan und Göthe's Faust dar: Spinoza, der Stammvater unserer gesammten ungläubigen Philosophie; Nathan, der Typus der süßlich-verfolgungssüchtigen, modernen Toleranz; Faust, das vom positiven Christenthum emancipirte Genie, der schrankenlose Streber in's Unendliche. Auf ihrer Stellungnahme zu der Poesie Calderons beruht das kleine Festspiel.

Was im nicht-katholischen Deutschland die Aufmerksamkeit auf Calderon lenkte und Sympathien für ihn erweckte, waren hauptsächlich seine weltlichen Stücke, seine romantischen Dramen, wie „Das Leben ein Traum" und „Die Tochter der Luft"; seine verwickelten Intriguenstücke, wie „Das offene Geheimniß", „El escondido y la tapada" („Der Versteckte und die Verschleierte" oder, wie Gries das Stück überschreibt, „Der Verschlag"); seine erschütternd tragischen Stücke, wie „Der Arzt seiner Ehre", „Der Maler seiner Schande", „Der

Alcalde von Zalamea", „Die Locken Absalons" und „Die Andacht zum Kreuze". Auf diese ist in den ersten Scenen angespielt. Faust fühlt sich von der kühnen Erfindung, dem Phantasiereichthum und der Berechnung dieser Stücke angezogen, während Spinoza und Nathan mehr von der großartigen Fülle der Calderon'schen Bühnenwelt eingenommen werden.

Wie sich von selbst versteht, lag mir jeder Gedanke fern, durch jene symbolische Gegenüberstellung Männern nahe treten zu wollen, die sich um die Sache Calderons die größten Verdienste erworben haben. Auch gegen die „Semiten" als solche lag absolut keine tendenziöse Absicht vor. Daß Spinoza ihnen angehörte, ist nicht meine Schuld, und ebenso wenig, daß Lessing die moderne Toleranz und Confessionslosigkeit im „Nathan" verherrlichen wollte. Die Anspielung richtet sich also höchstens gegen solche, welche der Schauspielkunst Calderons zwar Liebe und Bewunderung entgegenbringen, seinen religiösen Glauben aber mit Abneigung, Verachtung oder gar Abscheu betrachten.

Man hat Calderon getadelt, daß er in einigen seiner Autos (A Dios por razon de estado; La Cena de Baltasar) den Gedanken als „lustige Person" auftreten läßt. Mit Unrecht; denn diese Stücke selbst rechtfertigen diese Allegorie in vollstem Maße. Das Verhältniß von Geist und Gedanke zur älteren und neueren Philosophie ist für die Beurtheilung Calderons so wichtig, daß die Benützung dieser Allegorie nicht unpassend erschien.

Möge das kleine Festspiel recht manchen Leser anregen, mit Calderon näher vertraut zu werden und aus ihm selbst die Überzeugung zu gewinnen, daß „scholastische Philosophie und Theologie", „spanische Inquisition", „Priesterherrschaft und „hierarchischer Zwang", und wie die Schreckbingerchen alle heißen, die spanische Bühne nicht in ihrer glänzendsten Entfaltung verhinderten. Denn der Reichthum Calderons ist so groß, daß er in einem kleinen Festspiel nur sehr andeutungsweise zur Darstellung kommen konnte. Mit mehr Grund als der große Dichter muß ich mich beßhalb an die Nachsicht des Lesers wenden:

> Pidiendo de nuestras faltas
> Perdon, pues de pechos nobles
> Es tan proprio perdonarle.

Calderons Leben.

Die Familie Calderons stammt aus dem Thale Carriedo, am Fuß der Berge von Burgos, demselben Thale, in welchem einst auch die Familie des Lope de Vega ansäßig war. Dort galten seine Ahnen als Hijosdalgo (Edelleute) alter Abkunft. Später zog die Familie nach Toledo hinüber, wo eine Schwester des Dichters, Dorothea, im königlichen Kloster der hl. Clara den Schleier nahm. Die Mutter hieß Donna Maria de Henao y Riaño. Sie gehörte einem angesehenen, aus Flandern herstammenden Rittergeschlecht an, war aber auch mit den Riaños, Infanzonen von Asturien, verwandt.

Am 1. Jan. 1601, nach anderer Nachricht am 17. Jan. 1600 geboren, empfing Don Pedro im Schooße seiner Familie eine sorgfältige, tiefreligiöse Erziehung. Schon bevor er das neunte Jahr zurückgelegt, schickten die wackeren Eltern den frühentwickelten, talentvollen Knaben an das Collegium der Gesellschaft Jesu zu Madrid. Hier machte er die damals üblichen Gymnasialstudien nach dem alten Schulplan durch. Näheres über seine Beziehung zu den Jesuiten wissen wir nicht. In seinen Dramen spiegeln sich sowohl die Licht- als auch die Schattenseiten der damaligen humanistischen Bildung.

In seinen ältesten erhaltenen Dramen erwähnt er die Thätig=
keit der Jesuiten in den Niederlanden und deren segensreiches
Wirken für die spanische Armee:

> „Hinter meinem Standquartier
> Steht der Patres Jesuiten
> Kirche und Collegium.
> Bis hierher führt sie ihr Eifer.
> Dort mit großer Andacht geht man
> Zu den heil'gen Sacramenten.
> Der greift tapfer zu den Waffen,
> Der für seinen Glauben streitet."

In einem seiner Stücke aus der letzten Periode aber spricht
sich die tiefste Hochachtung, Liebe und Verehrung für seine
einstigen Erzieher wie für ihren Orden aus. Er schildert in
diesem Stücke („Der große Prinz von Fez") die merkwürdige
Bekehrung eines Prinzen von Fez, der in Malta den Koran
abschwur, zu Rom von dem General P. Paul Oliva in die
Gesellschaft Jesu aufgenommen wurde, sich in Italien der
Bekehrung seiner früheren Glaubensgenossen widmete, 1668
feierlich in Madrid begraben wurde. Mit inniger Liebe malt
der Dichter den Einfluß des hl. Ignatius von Loyola auf
die innere Umwandlung des Muhammedaners und formulirt
dessen Entschluß, in die Gesellschaft (Compañia) Jesu einzu=
treten, in folgenden Worten:

> „Folgend denn der Eingebung,
> Die zuerst mich hat erleuchtet
> Und vom Tode mir das Leben

> Dann erkauft, versprach ich heilig,
> Mich der bessern Compagnie
> Anzuschließen. Denn Ignatius
> Schuld' ich meines irren Wahnes
> Erstes, sicheres Erkennen.
> Wie als Ritter und als Krieger,
> Hat als Heil'ger solche Ehrfurcht
> Meinem Geist er eingeflößt,
> Daß ich sicher glaub', er wird
> Nun mein königliches Blut
> Auch mit seinem Namen ehren,
> Wird im Schooße seines Ordens
> Väterlich an Sohnes Statt
> Mich begrüßen und umfangen.
> Und da der Gelübde viertes
> Diese Kriegerschaar verpflichtet
> Zu Missionen, Gottes Botschaft
> Heidenvölkern zu verkünden,
> Zweifl' ich nicht, sie wird benützen
> Meine Absicht und erläutern
> Mir des Papstes hohe Vollmacht."

Noch begeisterter verherrlichte der Dichter die vielgehaßte, ihm aber verehrungswürdige Gesellschaft in dem Festdrama El Phenix de España, San Francisco de Borja, bei Gelegenheit der Canonisation dieses Heiligen am 29. April 1671.

Nur die Gymnasialstudien, nach Tassis eigentlich bloß die rudimentos de la gramática, absolvirte Calderon bei den

Padres de la Compañia. Durch seine rasche Auffassungsgabe die Altersgenossen schnell überflügelnd, bezog er mit 14 Jahren die Universität von Salamanca, wie Tassis meint, die größte Hochschule der Welt, „glorreiche Mutter aller Wissenschaften und der gewaltigsten Genies, welche die Jahrhunderte erleuchteten". Er studirte hier fünf Jahre lang die verschiedensten Disciplinen: Mathematik, Philosophie, beide Rechte, Chronologie, Geographie, Kirchen= und Profangeschichte. Weisen seine Werke auch nicht auf sehr tiefe und gründliche Geschichtsforschung hin, so verrathen sie doch eine umfangreiche Belesenheit auf historischem Gebiete und eine gründliche Kenntniß der scholastischen Philosophie und Theologie. Als gemüthliche Jugenderinnerung mag es wohl zu betrachten sein, wenn er einen jungen Edelmann in einer seiner Komödien (Casa con dos puertas mala es de guardar) sagen läßt:

„Bien os acordais de aquellas
Felicisimas edades
Nuestras, cuando los dos fuimos
En Salamanca estudiantes."

„Wohl erinnerst du dich uns'rer
Schönsten und glückfel'gen Zeiten,
Da wir einst in Salamanca
Beide noch Studenten waren!"

Sein erstes Drama „Der Wagen des Himmels" (El carro del Cielo) soll Calderon, nach Tassis, schon mit 13 Jahren, also noch am Gymnasium zu Madrid, verfaßt haben. Nach demselben Gewährsmann hätte er während der „glücklichen Zeiten" zu Salamanca zu dichten fortgefahren und durch seine Komödien bald Aufsehen gemacht. Erhalten ist jedoch weder jener „Wagen des Himmels", noch andere Jugenddramen, sondern nur einige Gedichte, die er in den Jahren 1620 und 1622 auf die Selig= und Heiligsprechung des hl. Isidor verfaßte.

Mit 19 Jahren trat Pedro Calderon in die Truppen des Königs ein und diente bei denselben sechs Jahre, erst im Mailändischen, dann in Holland, dem classischen Land der Wind= und Wassermühlen, dessen er in seinem ersten erhaltenen Stück, „Die Belagerung von Bredá", gedenkt:

"Bis die Nachhut uns holt ein,
Wollen wir ein klein Scharmützel
Halten, und zu uns'rer Deckung
Wollen drüben wir besetzen
Jene Wind= und Wassermühlen."

Im August 1624 wurde von dem Feldherrn Spinola die Belagerung von Breda beschlossen, im Mai des folgenden Jahres wurde die Stadt genommen. Ob Calderon die Belagerung mitmachte, ist nicht ermittelt; jedenfalls war er über den Verlauf derselben, über die militärische Befestigung der Stadt, wie über die Taktik und die Maßregeln Spinola's — sei es durch diesen selbst, oder durch die officiellen Berichte der Armee — ganz genau unterrichtet, und feierte die Einnahme der Stadt alsbald in einem dramatischen Gedichte, das noch im selben Jahr zu Madrid auf die Bühne gekommen zu sein scheint.

Mit den großen Geschichtsdramen Shakespeare's kann dieß Schauspiel den Vergleich nicht aushalten; doch vergegenwärtigt es sehr lebhaft und anschaulich eine der letzten Episoden des niederländischen Freiheitskampfes. Jedenfalls trug es, indem es das siegreiche Heer und darunter Angehörige der mächtigsten Familien verherrlichte, nicht wenig dazu bei, den jungen Dichter bei Hof beliebt zu machen und seinem Talent einen Wirkungskreis zu eröffnen, in dem es sich frei und glänzend entfalten konnte. Das war die königliche Hofbühne im Schlosse Buen Retiro bei Madrid.

Was Lessing durch seine dramaturgische Thätigkeit in Hamburg vergeblich anstrebte, was Göthe und Schiller vereint in Weimar nur in bescheidenem Maße zu verwirklichen vermochten — eine großartige, wahrhaft nationale Bühne, durch vereintes Zusammenwirken der größten Talente, königliche Munificenz und begeisterte Theilnahme aller Stände zur Bildungsanstalt der Nation geworden — dieses Glück fiel den spanischen Dichtern jener Zeit gleichsam ungesucht in den Schooß. Sie brauchten nicht die Indolenz einer in sich entzweiten Nation mit zündenden Theaterkritiken aufzuregen; sie brauchten nicht, an der trostlosen Gleichgiltigkeit der großen Höfe verzweifelnd, bei kleinen Potentaten sorgenfreies Dasein und Muße aufzusuchen; sie brauchten nicht erst eine verwahrloste Sprache aus fremdem Schutt hervorzuarbeiten und poetisch zu gestalten. Die Nation war Eins — Eins in Glaube, Sitte, Recht, Verfassung, Wissenschaft und Leben. War auch ihre äußere Machtfülle seit Philipp II. gebrochen, so war doch die Erinnerung daran noch nicht verwischt, das Anrecht darauf mächtig im öffentlichen Bewußtsein. Jeder Spanier stimmte begeistert dem Segenswunsch bei, welchen Calderon dem Siegesruf „Breda für den König Spaniens!" hinzufügte:

> „Und mög' es der Himmel fügen,
> Daß die Welt zurückgegeben
> Werde seinem Scepter bald
> Vom Aufgang zum Niedergange!"
> (El Sitio de Bredá.)

Die großen geschichtlichen Ereignisse des vorigen Jahrhunderts gesellten sich in lebendiger Erinnerung der bis in die Tage der Westgothen hinaufreichenden, glorreichen Nationalgeschichte. Das Mittelalter lebte noch fort in hundert kleinen und großen Instituten, in Sitte und Brauch, Festen und Überlieferungen; sein unermeßlicher Sagenschatz pulsirte fort im Volkslied wie in der Kunstdichtung. Von der untergehenden Welt des abenteuernden Ritterthums, die Cervantes in seinen Don Quijote gezeichnet, blieb Vieles bestehen in Leben und Tradition: Rittersinn und Frauendienst, höfische Galanterie und Hang zur Abenteurerei, der unausrottbare Zweikampf um Ehre und Liebe, und die fröhlichen Volksspiele mit ihrer urwüchsigen Komik. Während ein strammer militärischer Geist die Nation noch zur kräftigen Abwehr übermächtig gewordener Gegner befähigte, entging die Kirche durch die Wachsamkeit ihrer Hirten glücklich der religiösen Revolution des 16. Jahrhunderts, die kirchliche Wissenschaft erlebte an den Universitäten der Halbinsel eine zweite Blütheperiode und gab dem Geistesleben des Volkes eine gediegene ernste Grundlage. So war Spanien noch eine der ersten und bedeutendsten Monarchien Europa's, als Philipp IV., selbst Dichter oder wenigstens Dilettant, die größten Talente, Maler und Dichter, an seinen Hof zog und durch seine fürstliche Freigebigkeit der dramatischen Kunst die freiste und glänzendste Entwicklung ermöglichte. Schon mit 9 Jahren hatte er bei einer Theatervorstellung am Hofe seines Vaters mitgespielt. Seine liebste Erholung war, im Kreise der Genies (Ingenios) Poesie zu treiben und mit ihnen Pläne zu Komödien zu entwerfen. Da es ihm die Hofetikette verbot, die in Madrid bestehenden Theater zu besuchen, ließ er sich in dem königlichen Lustschloß Buen Retiro vor Madrid ein eigenes Theater bauen und rüstete es, sowohl Bühne wie Zuschauerraum, mit fürstlicher Pracht aus. Da nur Leute vom Hof und von den höchsten Ständen zu den Vorstellungen zugelassen wurden, so war der Zuschauerraum von bescheidenem Umfang, aber glänzend ausgestattet, die Bühne um so größer und mit den complicirtesten Einrichtungen versehen. Sie ging auf den Garten und konnte durch Öffnung der Hinterwand beliebig weite Prospecte erhalten. Wie in dem Schmuck des Palastes, so war auch in den Verzierungen der Logen das Gold nicht gespart, die Theaterdecoration und Maschinerie aber mit verschwenderischem Reichthum ausgestattet. Philipp ließ dafür eigens die besten Ingenieure kommen, so z. B. den italienischen Ingenieur Maria Antonozzi.

Doch nicht nur im Buen Retiro, sondern auch im königlichen Palast fanden sehr häufige, wenn auch nicht tägliche Theatervorstellungen statt. Im Jahre 1622 ließ sich die Königin eine Zeit lang jede Woche dreimal in ihrem Gemache dramatische Stücke aufführen. Fast an allen großen Hoffesten wurde Theater gespielt, und Werth darauf gelegt, bei demselben die höchste Pracht in Garderobe und Decoration zu entfalten.

Diesem äußeren Glanz entsprach die innere künstlerische Entwicklung der Dramatik. Nicht bloß die höchsten Beamten des Hofes und der Krone, Admirale, Generale, Minister, Inquisitoren, an ihrer Spitze der mächtige Minister Olivarez, interessirten sich für die eigentliche dramatische Poesie, eine ganze Reihe hervorragender Geister wandten ihre Kräfte diesem Kunstzweig zu und gaben den verschiedenen Arten des Dramas, sowohl was die äußere Architektonik, als was Sprache und Vers betrifft, ihre eigenthümliche Gestaltung. Als ein wahrer Riese von dramatischer Gestaltungskraft ragt unter diesen Lope de Vega hervor (Cervantes nennt ihn etwas satirisch ein „Ungeheuer der Natur"), der, 1562 zu Madrid geboren, nach einem sehr bewegten, romantischen Jugendleben 1609 Priester, 1618 apostolischer Protonotar wurde, als solcher aber unausgesetzt fortfuhr, für die Bühne zu arbeiten, bis der Tod 1635 sowohl der hingebenden Thätigkeit des Priesters, als auch der unerschöpflichen sprüchwörtlich gewordenen Fruchtbarkeit des Dichters ein Ziel setzte. Die Zahl der von ihm verfaßten Comedias beläuft sich nach annähernder Berechnung auf 1500, die Zahl seiner Autos (geistl. Schauspiele) wird von Montalvan auf 400 angegeben. Durch Fülle der Erfindung, Kraft und leidenschaftlichen Schwung, Reichthum der Phantasie und Meisterschaft der Sprache verdrängte Lope fast ganz die ihm vorausgegangenen Dramatiker, die noch mühsam nach abgerundeter Form rangen und große Vorzüge durch die schreiendsten Fehler verdunkelten. Nur gegen seinen einfachen, klaren Stil und die durch ihn zur Herrschaft gelangte eigenthümliche Kunstform des Dramas erhob sich eine mächtige Gegenrichtung, als deren Hauptführer gewöhnlich Luis de Gongora y Argote (geb. 1561, gest. 1627; ebenfalls Geistlicher und Dichter am Hofe) betrachtet wird. Lope vertheilte diese Richtung auf's Strengste, wurde ihrer aber nicht Meister.

Der „Gongorismus", wie diese Richtung gewöhnlich genannt wird, ist keine vereinzelte Erscheinung es ist dieselbe Hinneigung zu einem falschen Classicismus, der sich gleichzeitig durch Lilly in England, durch Marini in Italien geltend machte. Er bezog sich hauptsächlich auf Sprache und Stil. Estilo culto, feiner, höherer Stil! das war das Losungswort Gongora's und seiner Anhänger; diese angestrebte Feinheit bestand aber zu gutem Theil in schwülstiger Überladung und Überschwenglichkeit des Stils, in Bildung und Aufnahme neuer, gesuchter Worte und Wendungen aus dem Lateinischen und Griechischen, in unmäßiger Häufung von Metaphern, Gleichnissen und Antithesen, in schwerfälligem, verworrenem Periodenbau, kurz, in dem verkehrten Streben, durch Rhetorik und Erudition neben der so reichen, schönen Volkssprache eine gelehrtere, höhere Dichtersprache zu schaffen. Diesem schulmeisterlichen Unfug, welchem die größten Dichter nicht ganz entgingen, gesellte sich dann auch der Widerstand gegen die von den alten Classikern abweichende spanische Kunstform der Bühne zu Gunsten eines ganz den Alten nachtretenden Classicismus. Doch die nationalen Kunstformen waren so innig mit dem Leben der Nation selbst verwachsen, daß jener Widerstand bald gebrochen wurde. Schon als Calderon aufzutreten begann, war der kurze Kampf schon ziemlich zu Gunsten der ersten entschieden.

Obwohl das königliche Theater im Palast und im Buen Retiro nur einem kleinen und sehr gewählten Zuschauerkreis offen stand, übte es doch einigermaßen den Einfluß einer großen Nationalbühne. Von hier aus nahmen die Meisterwerke der größten Dichter ihren Weg durch ganz Spanien; von hier aus wurde mit der Anregung zur Pflege der Kunst auch die leitende Richtung des Geschmackes gegeben; von hier aus theilte sich die Liebe zur dramatischen Kunst dem ganzen Volke mit und wurde zu einer wahrhaft nationalen Sache. Obwohl das Schauspielwesen hier wie anderswo mancherlei Übelstände hervorrief und gewichtige Stimmen sich für dessen Einschränkung, ja mitunter auch für dessen gänzliche Ausrottung erhoben, begnügte sich die Kirche, jenen Übelständen so gut als möglich zu steuern, der dramatischen Kunst selbst aber trat sie nichts weniger als feindselig gegenüber, sondern nahm dieselbe sogar heiligend in ihren Dienst auf, indem sie das höchste ihrer Feste (das Frohnleichnamsfest) durch geistliche Schauspiele verherrlichen ließ.

Um die Zeit dieses Festes wurden die übrigen Theater geschlossen; statt der gewöhnlichen Vorstellungen wurden einen Monat lang nur geistliche Dramen, die sogen. Autos oder Sacramentsstücke, gegeben, und zwar unter freiem Himmel, bei hellem Tag, auf offener Straße, zuerst vor dem Palast des

Königs, dann der Reihe nach vor den Häusern der ange=
sehensten Magistratspersonen. Für den König wurde ein
Gerüst mit einem Thronhimmel aufgeschlagen, vor diesem die
Bühne. Um die Schaubühne herum wurden gemalte Häus=
chen auf Räder gestellt, aus welchen die Schauspieler die
Bühne betraten und in welche sie sich nach beendigter
Scene wieder zurückzogen. Mit diesem einfachen, fröhlichen
Apparat, der eine eigentliche scenische Täuschung unmöglich
machte, bestrebten sich die Dichter, das Höchste der christ=
lichen Geheimnisse zu feiern, indem sie bald in allegorischer
Erfindung, bald in den Vorbildern des alten Testamentes,
bald in den Parabeln des neuen Testamentes, bald in Hei=
ligenlegenden, ja sogar unter dem Bilde antiker Sagen, ent=
weder direct die Lehre vom allerheiligsten Altarssacrament
oder dessen Zusammenhang mit anderen christlichen Dogmen
oder der christlichen Heilsökonomie überhaupt zur lebendigen
Darstellung brachten. Alle Städte Spaniens hielten ihre
Autos und wetteiferten, solche von den größten Dichtern zu
erhalten und sie mit dem Glanz der höchsten Festpracht zu
umgeben. Dichter und Schauspieler wurden durch sie in den
Bereich der Theologie und des religiösen Cultus hineingezogen,
die Theologie wurde gleichsam in volksthümlich dramatische
Bildersprache übersetzt, der Glaube des Volkes fand in ihnen
seinen schönsten dichterischen Ausdruck, die Bühne war durch sie,
wie das ganze übrige Nationalleben, auf's Innigste mit der
Religion verkettet. Unverkennbar hat diese Verbindung auf
die Entwicklung der Bühnenkunst, auf die Idealität und
Fruchtbarkeit der Dichter, auf den poetischen Sinn der Nation

selbst den vortheilhaftesten Einfluß ausgeübt. Während die weltliche Bühne das weite Reich der Geschichte und Sage, der alten Mythologie und das gegenwärtige Volksleben umfaßte, eröffnete das geistliche Drama den Blick in die übersinnliche Welt — und zog das ganze Gebiet des Göttlichen mit seinen Geheimnissen und Wundern, mit seinen unerforschlichen Rathschlüssen, mit seinem erhabenen Heilsplan, mit der ganzen Geschichte des Christenthums in den Bereich der schönen Kunst hinein, nicht als etwas Getrenntes und Frembes, sondern als etwas Verwandtes und Befreundetes, welches das Leben der Menschheit erhob, verklärte und heiligte.

Als Calderon an den Hof von Madrid kam, hatten nicht nur die Hauptarten des weltlichen Schauspiels sowie des Autos ihre bestimmte Form erhalten, sondern das weite Stoffgebiet war durch die ungeheure Fruchtbarkeit Lope de Vega's und zahlloser anderer Dichter schon nach allen Seiten hin bebaut, in gewissem Sinne erschöpft. Während er deßhalb kaum hoffen konnte, den Reichthum Lope's noch zu übertreffen, eröffnete sich ihm aber eine andere lohnende Aussicht: die bereits gebotenen Kunstformen durch feinere Ausbildung der höchsten Vollendung entgegenzuführen. Mochte er den großen Vorgänger auch nicht an Leidenschaft, mystischer Innigkeit, Schwung der Phantasie, Fülle der Erfindung überflügeln, so besaß er doch von all' diesen Eigenschaften auch seinen nicht geringen Theil; er war aber Lope an hellem, durchdringendem Verstand voraus, eine weit harmonischere, sanftere, ruhigere Natur, ganz dazu angethan, dem schon vorhandenen Reichthum die vollendetste künstlerische Gestaltung zu geben. Durch seine Anlagen selbst hierauf hingedrängt, verschmähte er das vergebliche Bemühen, neue Bahnen einzuschlagen, sondern richtete sein Auge auf jenes andere, zwar anscheinend bescheidenere, aber dennoch lohnende Ziel. Man kann ihn füglich jenen Baumeistern vergleichen, welche, sich an die von früheren Meistern gegebenen Grundlagen der Gothik anschließend, diesen Stil zur höchsten Blüthe entfalteten.

Dieß Ziel ward übrigens nicht auf einmal erreicht, noch blieb Calderon während seiner 60jährigen Thätigkeit als Dichter immer auf der einmal erreichten Höhe. In der ersten Periode seines Dichtens gelang es ihm nicht, sich dem Einfluß des Gongorismus zu entziehen; doch milderte sein feines Kunstgefühl die Fehler, welche dieser Richtung anhingen, und zauberte selbst aus ihnen manche Schönheit hervor. Die vollendetsten Werke gehören der mittleren Periode seines Lebens an; im Alter stellten sich manche Fehler der Jugendperiode wieder ein, obwohl die Kraft und Thätigkeit des Dichters nicht erlahmte, bis ihn der Tod von dieser Erde abrief. Diese Perioden genau zu firiren, dürfte schwer sein, da die Chronologie mancher Stücke noch nicht hinreichend fixirt ist und sich bereits unter den Werken der ersten Periode manche finden, welche bis heute als Meisterwerke berühmt sind, wie z. B. „Das Leben ein Traum", „Die Andacht zum Kreuze", „Das Fegefeuer des hl. Patrick", „Der Versteckte und die Verschleierte", „Der Arzt seiner Schande", die sämmtlich vor 1638 gedruckt waren.

Schon 1630 anerkannte ihn Lope de Vega als den bedeutendsten seiner Nachfolger an und charakterisirte seine Eigenthümlichkeit in den Versen:

„In poetischem Stil und Süßigkeit
Erstieg er des Berges höchste Höhe."
En estilo poetico y dulzura
Sube del monte a la suprema altura.

Mit unverdrossenem Fleiß und steigendem Erfolg arbeitete Calderon für die königliche Hofbühne von Buen Retiro, leitete die Festspiele daselbst und vereinigte sich nach dem damaligen Gebrauch auch mit andern Dichtern zu gemeinschaftlichen Productionen. Innige Freundschaft verband ihn mit mehreren derselben. Zu seinen Gönnern gehörten die ersten Personen bei Hofe, vorab der Minister Olivarez. Der König selbst stand mit ihm auf vertraulichem Fuß. Zur Anerkennung seiner Verdienste ernannte er Calderon 1637 zum Ritter von San Jago. Als der catalonische Aufstand aber im Jahre 1640 die Ritterorden in's Feld rief, wollte er ihn nicht mitziehen lassen, sondern verlangte von ihm die Ausarbeitung eines Festspiels für die Bühne von Buen Retiro. Calderon kam beiden Obliegenheiten nach, indem er rasch das Drama „Kampf der Liebe und Eifersucht" schrieb und dann den Truppen nach Catalonien folgte. Hier diente er bis zum Abschluß des Friedens in der Compagnie des Herzogs von Olivarez. Nach seiner Rückkehr theilte ihn der König dem Artilleriecorps zu und erhöhte sein Gehalt um 30 Escudos monatlich. Als im Jahre 1644 die erste Gemahlin Philipps IV., Isabella von Frankreich, starb, wurden die Bühnen von Madrid geschlossen. Gegner der Theater benützten die Herabstimmung des Königs, um auch nach Beendigung der üblichen Hoftrauer die Theater noch

länger geschlossen zu halten. Nach dem Tode des hoffnungs=
vollen Kronprinzen Balthasar erneuerte sich die Trauerzeit;
tieferschüttert und niedergebrückt, beauftragte der König nicht
bloß den Rath von Castilien, die Theaterfreiheit durch streng=
gesetzliche Maßregeln zu beschränken, sondern ließ es auch ge=
schehen, daß die völlige Theatersperre bis zum Jahre 1649
fortdauerte. Calderon mag diese fünfjährigen Ferien zu stillem,
ruhigem Schaffen und zu weiteren Studien verwandt haben;
von Alba aus, wo er sich bei dem Herzog aufhielt, wurde er
1649 wieder an den Hof berufen, um als Festdichter und De=
corateur den Einzug der neuen Königin Maria Anna von
Österreich zu verherrlichen. In diesem Jahre wurden, trotz
der Gegenbemühungen des Erzbischofs von Sevilla, die Bühnen
wieder freigegeben, und da die inzwischen erlassenen Gesetze
nur zu milder Anwendung kamen, konnte sich das Theater
ungehindert weiter entwickeln.

Im Jahre 1651, also 51 Jahre alt, empfing der ritterliche
Krieger mit Bewilligung des Königs und des Ordens von
San Jago die heilige Priesterweihe und setzte, wie Tassis sich
ausdrückt, seinen glühenden kriegerischen Impulsen ein Ziel,
um sich fürder dem mächtigeren Dienste des Herrn der Heer=
schaaren, wie auch der sanften Ruhe festlicher Musen zu wid=
men. Unter Ruhe ist aber hierbei nicht Unthätigkeit, sondern
nur das friedlichere Walten des Künstlers zu verstehen, dem
sich Calderon fürder ungestörter hingeben konnte. Über sein
Wirken als Priester sind keine genaueren Züge aufbewahrt;
indessen würde man ihm gewiß sehr unrecht thun, wenn man
ihn bloß als einen „Musen=Priester" im modernen Sinne be=

trachten wollte. Vera-Tassis führt ausdrücklich an, daß sein Haus der Zufluchtsort aller Bedrängten und Hilflosen war. Einen viel tieferen Blick in seine Anschauungen und Gesinnungen gewähren seine großen religiösen Dramen und seine Autos, welche von Protestanten sogar als die Blüthe seiner Poesie, ja als Höhepunkt der damaligen spanischen Dramatik bezeichnet worden sind. Wohl sind diese Meisterwerke aus einer umfassenden Bühnenkenntniß, berechnendem Künstlerverstand, höchster technischer Gewandtheit hervorgegangen, wie sie Göthe ausdrücklich an Calberon anerkennt; aber die eigentliche Inspiration derselben hat eine viel tiefere Quelle: einen unerschütterlichen Glauben an das hochheilige Geheimniß des Altars und an alle übrigen Lehren und Geheimnisse des katholischen Glaubens, ein tiefes theologisches Durchdringen der übernatürlichen Welt, eine innige, begeisterte Liebe zu dem menschgewordenen Gotte, der in jenen Geheimnissen sich der Menschheit offenbart, sie zu sich heranzieht und sie beseligend mit sich verbindet. Hier ist der eigentliche Standpunkt Calberons. Es ist kein anderer, als der des katholischen Priesters, der das Kreuz vor sich auf dem Altare, das Opferlamm des neuen Bundes in seiner Hand hält und, sich selbst in dem Staub beugend vor dem unendlichen, allmächtigen Gott, vor dem Wunder aller Wunder, Natur und Menschheit, Erde und Himmel in dem großen Rathschluß der Erlösung vereinigt sieht und, hingerissen von der Schönheit der christlichen Weltordnung, alle Wesen zum Lobe des Dreieinigen zusammenruft. Was den Dichter entflammt und begeistert, was ihn leitet und lenkt und was als innigster Lebenshauch seine religiösen Dichtungen durchathmet, das ist nichts anderes als die Liebe, welche Johannes am Herzen des Erlösers geschöpft, welche fortquillt in den Sacramenten der Kirche, vorab in jenem, das mit Recht das Sacrament der Liebe genannt wird. Liebe ist und war allezeit die mächtige Grundkraft aller Poesie; die übernatürliche Liebe, die heilige Charitas die Quelle der echtreligiösen, katholischen Poesie. Nur aus ihr erklärt sich genügend die großartige Einheit und Universalität, die bezaubernde Schönheit und Liebenswürdigkeit, welche uns in den Autos des spanischen Priesters entgegentritt und welche Schack, obwohl Protestant, mit so liebevoller Treue und hinreißender Meisterschaft gezeichnet hat, daß ein Katholik sie nicht liebevoller und ergreifender schildern könnte:

„Ein Tempel thut sich vor uns auf, in dessen Bau, wie in dem Gralstempel des Titurel, sich das ewige Wort sinnbildlich dargestellt hat. Beim Eintritt weht es uns entgegen, wie ein Geisterhauch der Ewigkeit, und eine heilige Morgenröthe, wie vom Glanze der Gottheit, wallt durch den hehren Raum. Im Mittelpunkt ragt, als Centrum alles Seins und aller Geschichte, das Kreuz, an dem sich der unendliche Geist selbst in unendlicher Huld für die Menschheit geopfert hat. Am Fuße des hohen Symbols aber steht der Dichter als Hierophant und Prophet und deutet die Bilder an den Wänden und die stumme Rede der Ranken und Blüthen, die sich an den Säulen emporschlängeln, und die Töne, die klangreich vom Gewölbe herniederrinnen. Er schwingt den Stab, und die Hallen des Tempels dehnen sich aus in's Unermeßliche; ein Säulengang führt durch die Jahrhunderte und Jahrtausende hindurch bis zur dämmergrauen Vergangenheit, da zuerst der Quell des Lebens aufrauschte und die Sonnen und Sterne, dem Schooße des Nichts entstiegen, ihren Lauf begannen, und der begeisterte Seher enthüllt das Geheimniß der Schöpfung und zeigt uns den Hauch Gottes über dem Chaos brütend, die Erdenfeste von den Gewässern trennend, dem Monde und den Gestirnen ihre Bahn anweisend und den Elementen befehlend, wie sie sich fliehen und suchen sollen. Wir fühlen uns umwallt von dem Flügelschlage des Weltgeistes und hören die Jubelchöre der neugeborenen Sonnen, wie sie feiernd auf ihren Bahnen einherziehen und den Ruhm des Ewigen verkünden. Von der Dämmernacht an, die den Ursprung aller Dinge verhüllt, sehen wir dann den Zug der Völker durch die aufblühenden und hinwelkenden Geschlechter der Menschen hindurch jenem Sterne folgen, der die Weisen aus dem Morgenlande leitete, und der Stelle der Verheißung entgegenpilgern; nach vorwärts aber liegt, vom Glanze der Erlösung und Versöhnung überstrahlt, die Zukunft mit ihren noch ungeborenen Generationen. Und der heilige Dichter weist rings umher in's Grenzenlose, durch die Schranken der Zeit in die Ewigkeit hinaus, zeigt die Beziehungen alles Geschaffenen und Ungeschaffenen zu dem Symbol der Gnade und wie alle Völker andachtsvoll zu ihm emporschauen; das Weltall in seiner tausendfachen Erscheinung wird mit dem Chor aller seiner Stimmen ein Psalm zum Preis des wunderbar Herrlichen; Himmel und Erde legen ihre Gaben vor ihm nieder, die Sterne, „die nie welkenden Blumen des Himmels", und die Blüthen, „die vergänglichen Sterne der Erde", müssen ihm huldigen; der Tag und die Nacht, das

Licht und die Finsterniß liegen anbetend vor ihm im Staube, und der Menschengeist öffnet seine verborgensten Schachte, um alle seine Gedanken und Gefühle in der Anschauung des Unendlichen zu verklären."

Nur den Einheitspunkt dieser ganzen, ebenso poetischen als auch wirklichen Weltordnung hat der ausgezeichnete Erklärer Calderons nicht ganz genau gefaßt. Es ist nicht das schon abgeschlossene, vergangene Kreuzesopfer, um das sich Alles, Welt und Menschheit dreht; der Gottmensch erneuert täglich unblutiger Weise auf unsern Altären das geheiligte Opfer; er lebt in unserer Mitte durch das fortdauernde Wunder der Wesenswandlung, er ruft fort und fort die Menschheit zu seinem Liebesmahle, zwischen ihm und dem Gläubigen steht Niemand, kein Mittler, keine weitere Mittelsperson; der Priester ist nur das Instrument, das Werkzeug, dessen sich der Menschgewordene bedient, um mit der Menschheit in steter, innigster Lebensgemeinschaft zu verharren. Der Priester ist nur um der Gläubigen willen zur Dienstleistung bei diesem heiligen Mysterium berufen, seine Interessen gehen in denjenigen des Gottmenschen vollständig auf. Darum ist der priesterliche Dichter nicht ein bloßer Prophet und Hierophant, der das Dunkel der Vergangenheit und Zukunft lüftet, er ist der Priester, der in seiner gottgeheiligten Stellung wahr und wirklich Vergangenheit und Zukunft in lebensvoller Gegenwart verbindet. Auch ihm ist gesagt: „Du bist Priester in Ewigkeit nach der Ordnung Melchisedechs" — auch ihm ist gesagt: „Das thut zu meinem Andenken". Im Namen seines Herrn, kraft seines Auftrags spricht er die geheiligten Worte, durch welche sich

täglich die unsichtbare Welt mit der sichtbaren in der wunder=
barsten, segensvollsten Weise verbindet. Kraft dieses Bewußt=
seins erscheint ihm nicht bloß die ganze Schöpfung als ein
riesiger Gottesdom, sondern auch die Weltgeschichte als eine
ununterbrochene Opferfeier, eine Messe, die, im Paradies be=
gonnen, erst mit dem Weltgericht abschließt:

„Das Meßopfer, das Adam
Anfing, Moses setzte fort,
Bleibt bis hin zum Weltgerichte
Gottes größtes Meisterwerk."

La Missa que empezó Adàn
Y que Moyses prosiguió
Es hasta el dia de Juicio
La mayor obra de Dios.
(Los Misterios de la Missa. Schlußchor.)

Außer diesem tiefen Glauben, aus dem ein ebenso demü=
thiges als begeistertes Bewußtsein seiner priesterlichen Würde
hervorging, ist für Calderons Verständniß auch nothwendig die
scholastische Philosophie und Theologie herbeizuziehen, welche
die wissenschaftliche Grundlage seiner Dichtung bildete und ihr
nicht nur nicht zum Hinderniß, sondern zum höchsten Vortheil
gereichte. An der Scholastik hatte Calderon jene helle, klare
Verstandesschärfe herangebildet, die Göthe an ihm bewunderte.
Aus den Schätzen der Scholastik schöpfte er jenen unerschöpf=
lichen Reichthum von sinnreichen Conceptionen, Allegorien,
Vergleichen, die wir in seinen Autos anstaunen. Aus seiner
scholastischen Bildung gingen nicht bloß einzelne Fehler seiner

Dichtung, wie allzugroße Subtilität, gesuchte Wendungen
u. dgl. hervor, sondern auch seine großen, allgemein bewun=
derten Vorzüge, seine Tiefe, Erhabenheit, Klarheit, Ruhe, Har=
monie, sein merkwürdiges Gleichgewicht zwischen Realismus
und Idealismus. Calderon ist nach dieser Seite hin noch
kaum besprochen worden; aber das Wiederaufleben der Scho=
lastik wird ihm auch in dieser Hinsicht Gerechtigkeit verschaffen.
Für den Spanier jener Zeit war die Scholastik keine fremde,
abstruse Bücherweisheit; mit Glauben und Mystik auf's In=
nigste vereint, durchdrang sie als die herrschende und höchste
Wissenschaft das ganze Leben und machte dem Volke die re=
ligiösen Festspiele viel leichter verständlich, als sie es heute
dem großen Publikum sind. Staatsmänner und Juristen,
Ärzte und Dichter waren scholastisch gebildet. Zwischen der
Poesie und der Philosophie, zwischen der Bühne und der
Theologie war kein feindliches, sondern das freundlichste Ver=
hältniß. Neben Lope de Vega und Calderon waren noch
viele andere hervorragende Dichter zugleich Priester und scho=
lastische Theologen, wie der Doctor Ramon, Mira de Mescua,
Joseph de Valdivieso, Juan Peres de Montalvan, Tirso de
Molina, Antonio de Solis, Agostino de Moreto, der Magister
Alonso Alfaro und der allerdings mehr getadelte als gelobte
Luis de Gongora. Ohne daß die Priester darnach strebten,
war die Poesie förmlich unter die Herrschaft des Priesterthums
gelangt; aber dieser Einfluß hat weder ihrer Freiheit noch
ihrer künstlerischen Entwicklung zum Nachtheil gereicht.

Siebenunddreißig Jahre lang schrieb Calderon die Frohn=
leichnamsspiele für die Stadt Madrid, längere Zeit auch für

die Städte Toledo, Sevilla und Granada, d. h. bis sie hier in Abnahme geriethen. Auf diese Arbeiten verwandte er die höchste Sorgsamkeit und den andauerndsten Fleiß. Daneben blieb er aber auch fast unausgesetzt für die weltliche Bühne thätig, und zwar mit einer Freiheit, welche ihm, bei der heutigen Lage der Dinge, von vielen Katholiken nicht verziehen würde und strengeren Gemüthern auch an sich bedenklich erscheinen mag. Er behandelte nicht nur in seinen Legendendramen manchmal sehr heikle, verfängliche Situationen, sondern bearbeitete auch mythologische Fabeln, biblische Stoffe, weltliche Verwicklungen, deren Name und Erinnerung schon Manchen gegen Calderon einnehmen dürfte. Ich überlasse es den kirchlichen Autoritäten und den Casuisten, sich hierüber mit dem Dichter in's Reine zu setzen. Da ihm die „spanische Inquisition" nichts angehabt, so ist anzunehmen, daß er wohl auch fürder keine Verurtheilung zu gewärtigen hat, obwohl seine weltlichen Stücke nicht in usum Delphini geschrieben sind und darum nur mit Auswahl als Jugendlectüre anempfohlen werden können.

So keusch und edel auch der verfängliche Stoff von dem Dichter behandelt wird, so scheint die Wahl solcher Stoffe jedenfalls eher Entschuldigung als Lob zu verdienen. Vieles erklärt sich aus den Zuständen der Zeit und dem waltenden Zeitgeschmack, welche der Poesie so gut wie der Sculptur und Malerei mehr Freiheit verstatteten, als das heute der Fall ist. Als Hofdichter war Calderon zudem von den Wünschen des Königs und des Hofes abhängig. Von seinen mythologischen Stücken wissen wir, daß sie meist für Hoffeste ge=

dichtet wurden. Die letzten derselben bekunden nicht ganz undeutlich, daß er mehr aus äußerem als innerem Impuls die Ausarbeitung derselben übernahm, während in seinen religiösen Werken eine Abnahme der Begeisterung sich nicht kundgibt. Endlich mögen aber auch innere Gründe mitgewirkt haben. Calderon war Dichter, Dramatiker, und konnte als solcher die irdische Liebe, diesen tiefsten und mächtigsten Quell aller irdischen Bande und Verwicklungen, in seinen dramatischen Werken nicht umgehen. So zimpferlich waren die katholischen Spanier nicht; aber auch nicht so weichlich-sentimental oder sinnlich, daß ihnen die Conjugation des Verbums amo das Alpha und Omega aller dramatischen Kunst gewesen wäre.

Die Stellung Calderons als Hofdichter ist auch in anderer, fast entgegengesetzter Beziehung als Nachtheil bezeichnet worden, als habe sie seine künstlerische Freiheit behindert. Indeß hat Alles seine zwei Seiten. Der Glanz des Hoflebens, die Pracht der Hofbühne, die Vereinigung so vieler Talente unter der Gönnerschaft eines kunstliebenden, freigebigen Monarchen, der vertraute Umgang mit den höchsten und einflußreichsten Männern, das bunte Leben einer Hauptstadt, die durch Gesandte mit allen Höfen Europa's in Beziehung stand, die Familiarität mit einem Königshause, das noch vor einem Jahrhundert die erhabenste Krone der Welt trug und jetzt noch große Colonien in beiden Indien beherrschte — das Alles mit seinem Drum und Dran bot dem Dichter so viel Anregung und Vortheil, daß das Bischen Beschränkung, das der Einfluß des Hofes ihm auferlegte, kaum dagegen in die Wagschale fallen kann. Der Hof verringerte seine Freiheit fast so wenig, als Kirche, Religion und der tiefreligiöse Volksgeist, in welchem seine Dichtung wurzelte. Ob er unter anderen Verhältnissen, wie z. B. denjenigen Shakespeare's und namentlich Schillers, mehr oder auch nur so viel geleistet haben würde, als er in seiner Stellung zu Madrid geleistet hat, das ist mir zum wenigsten sehr zweifelhaft. Der Hof, die Nation, die Kirche, die ganze Literaturentwicklung Spaniens stehen in so engem, organischem Zusammenhange unter sich und mit seiner Dichtung, daß man es sich nicht wohl denken kann, wie diese „Zauberblume" auf einem weniger günstigen Stamm und Boden zu so harmonischer Schönheit hätte gedeihen mögen.

Nach einer hohen Stellung, welche seinen Dichterberuf verkümmert hätte, strebte Calderon nicht, noch suchte König Philipp ihn je in eine solche zu drängen. Auch auf Reichthum und hohen literarischen Ruhm hatte es der Dichter nicht abgesehen. Man möchte ihn fast grausam nennen, wenn man liest, wie er seine Geisteskinder ihrem Schicksal überließ, so daß erst nach seinem Tode eine vollständige Sammlung seiner weltlichen Schauspiele erschien. Auch an die Veröffentlichung der Autos scheint er anfänglich gar nicht gedacht oder keinen Werth darauf gelegt zu haben. Er schrieb für die Bühne — das war ihm genug. Erst als die Buchhändler, auf seine anspruchslose Herzensgüte hin sündigend, sich seiner zerstreuten Bühnenstücke bemächtigten, dieselben ohne vorherige Druckbewilligung, verstümmelt, verderbt, mit willkürlichen Zusätzen und durch ebenso eigenmächtige Auslassungen entstellt, zugleich mit unterschobenen Pfuschereien anderer Poeten, herausgaben, dachte er daran, wenigstens die Autos vor einem ähnlichen Unheil zu bewahren, indem er selbst ihre Sammlung und Herausgabe übernahm. Über die Comedias hatte er so unvollständig Buch geführt, daß er dem Admiral Herzog von Veragua auf dessen Anfrage (18. Juni 1680) nicht einmal eine genaue, vollständige Liste derselben einreichen konnte. Es ist sicher, daß er mehrere andere verfaßt, die nicht in seinem Verzeichniß stehen. Die Ausgabe der Autos begann er zwar, konnte sie aber nicht mehr vollenden.

Während der Dichter sich wenig oder gar nicht um zeitlichen Gewinn kümmerte, trug König Philipp IV. Sorge, ihm durch Ehrenstellen eine nicht nur sorgenfreie, sondern auch angenehme, unabhängige Lage zu verschaffen. Er verlieh ihm 1653 eine königliche Kaplanstelle zu Toledo; zehn Jahre später übertrug er ihm, um ihn näher bei sich zu haben, eine zweite Kaplanstelle bei Hofe, neben welcher er diejenige zu Toledo behalten durfte, und fügte den Einkünften derselben noch eine weitere Pension hinzu. Im selben Jahre 1663 trat Don Pedro Calderon der Priester-Congregation von St. Peter in Madrid bei und wurde 1666 zu deren Groß-Kaplan ernannt. Inzwischen starb (17. Sept. 1665) sein königlicher Gönner Philipp IV., dessen Tod nicht bloß für das Reich, sondern auch für die Literatur ein harter Schlag war. „Man sieht heutzutage," so klagt Moreto um diese Zeit in einem Lustspiel, „wenige neue Komödien und nur von Zeit zu Zeit die eine oder andere von einem Dichter, der auf höhere Weisung für den Hof schreibt. Dieser freilich — ich meine Calderon — dichtet mit solchem Geschick und solcher Originalität, daß er stets sich selbst zu übertreffen scheint;

aber im Allgemeinen steht die dramatische Kunst nicht mehr in derselben Achtung wie früher, und daher widmet sich auch Niemand mehr mit dem gehörigen Fleiß einer so edeln Aufgabe." Mit dem Tode des königlichen Mäcenas war die höchste Glanzperiode des spanischen Dramas vorüber.

Calderon blieb während der Minderjährigkeit Karls II. wie nach dessen Mündigerklärung in seiner Stellung bei Hofe, und dichtete wie früher sowohl Festspiele für den Hof, als auch Autos für die Stadt Madrid (so „Die Statue des Prometheus", „Ungeheuer macht Liebe weibisch", „Zweikämpfe der Liebe und der Treue", „Der zweite Scipio" 2c.).

Als letztes Stück Calderons bezeichnet Vera-Tassis das Drama „Loos und Wahlspruch des Leonido und der Marfisa". „In der bunten Verschlingung der Fabel," sagt W. Val. Schmidt von diesem Stück, „in der Pracht und Sorgfalt der Decorationen, in dem Aufwand von Feuerregen, Sturm und Erdbeben ist freilich schon das Verderbniß der Bühne unverkennbar; allein Composition und Sprache sind frisch und jugendlich, wie das Licht, ehe es erlöscht, noch einmal hell und stark aufzulodern pflegt." Sollte dieses Stück auch nicht das allerletzte sein (es befindet sich auf der Liste, welche Calderon am 24. Juli 1680 an seinen Freund, den Admiral Veragua, sandte), so bleibt diese Bemerkung doch theilweise noch zutreffend, indem sie nicht ein letztes Aufflackern des Genius, sondern die noch andauernd frische, jugendliche Schöpferkraft des Dichters im hohen Greisenalter feststellt.

Calderon starb am 25. Mai 1681 in einer fast ärmlich bescheidenen Wohnung, nahe beim ehemaligen Thor von Guabalajara in der Calle Mayor Manzana 173 zu Madrid (Nr. 4 der alten, 95 der neuen Zählung). Das Haus war, nach einer Beschreibung aus dem Jahre 1853, in der Front nur 17½ Fuß breit, hatte einen einzigen Balkon in jedem Stockwerk nach der Straße zu und deckte bloß eine Oberfläche von 849 Fuß in's Gevierte. „Denken wir uns nun," so fügt Mesonero Romanos dieser Beschreibung bei, „jenen großen Genius vom Hofe Philipps IV., den achtzigjährigen Capellan de los reyes nuevos, den edlen Ritter von San Jago, das Idol des Hofes und der Stadt, wie er die steilen Stufen dieser engen Treppe emporsteigt und sich in dem beschränkten Raum dieser ärmlichen Wohnung niederläßt, wo er den letzten Seufzer aushauchte, so überfällt uns ein tiefes Gefühl der Bewunderung und Verehrung für jenen unsterblichen Dichter, der aus einem so bescheidenen Aufenthalt die Strahlen seines Geistes über die ganze civilisirte Welt verbreitete."

Zu seinem Erben hatte Calderon die Priester=Congregation des hl. Petrus eingesetzt, welcher er seit 1663 angehörte. Diese setzte ihm an seinem Grabe ein prächtiges Denkmal mit dem ernsten Sinnspruch: Nec regum plausu fide nec ingenio „Vertraue nicht auf Königsgunst, nicht auf Genie."

Calderons Werke.

Da Calderon allzu spät durch den Herzog von Veragua zur Sammlung und Herausgabe seiner weltlichen Schauspiele gedrängt wurde, so liegt nicht einmal eine vollständige Liste derselben von ihm selbst vor. Seine Angabe verzeichnet nur 111 Stücke: allerdings eine hübsche Anzahl, wenn man bedenkt, daß viele derselben mit den größten dramatischen Meisterwerken anderer Völker verglichen worden sind und ihnen auch an die Seite gestellt zu werden verdienen. „Das Schisma von England" behandelt denselben Stoff, wie Shakespeare's Heinrich VIII. und nicht weniger glücklich. „Die Andacht zum Kreuze" steht an ergreifender Tragik wohl kaum hinter dem König Ödipus des Sophokles zurück. „Der wunderthätige Magus" löst dasselbe großartige Problem wie Göthe's Faust, aber in echt christlichem Sinne. Leicht dürften sich aus seinen Werken 30 zusammenstellen lassen, die an dramatischer Bedeutung und Vollendung den erhaltenen Stücken Shakespeare's wohl nur wenig nachstehen, obwohl eine solche Abschätzung wegen der Verschiedenheit der beiden Dichter in Charakter, Nationalität und Richtung stets eine sehr unzureichende bleiben wird. In der Charakteristik, in der Gewalt der Leidenschaft, in Kraft und Mannigfaltigkeit der Sprache steht der Spanier wohl hinter dem Briten zurück; im Aufbaue der Handlung, in der Kunst der Verwicklung, im Liebreiz der Sprache, in Fülle der Erfindung steht er ihm kaum nach, und sollte, Alles in Allem, die Bühne Shakespeare's das weltliche Theater Calberons weit hinter sich zurücklassen, so haben wir noch mit den Autos zu rechnen, einer ganz neuen, eigenartigen Welt der Dichtung, die sich mit Shakespeare's Dramen nicht vergleichen läßt. Shakespeare bringt nur das irdische und zeitliche Leben der Menschheit auf die Bühne, Calderon die irdischen Schicksale der Menschheit und die Großthaten und Wunder der übersinnlichen Welt; Shakespeare ist der Dichter des Menschlichen, Calderon der Dichter des Menschlichen und Göttlichen zugleich — er steht zwischen Shakespeare und Dante: wie jener einer der größten Dramatiker aller Zeiten, wie dieser ein Theologe unter den Dichtern. Seine 72 Autos bilden in ihrer Gesammtheit ein herrliches Seitenstück zur Divina Commedia. Während Dante wie ein Riese durch die Schreckgestalten der Hölle, die Prüfungen des Fegfeuers zum Himmel emporzieht und die Weltgeschichte in der grandiosen Beleuchtung ihres ewigen Abschlusses darstellt, zeigt Calderon den Heilsplan Gottes in seiner fortschreitenden Entwicklung hienieden, vom Tabernakel des heiligen Sacramentes aus, das den Himmel auf die Erde bringt. Dort dröhnt die Tuba des Gerichtes und der Klang des Dies irae, dort rauscht das Regina coeli der Auferstehung und das ewige Dreimalheilig — hier erklingt mild und lieblich das Lauda Sion Salvatorem und das Pange lingua, und alle Creaturen feiern das Frohnleichnamsfest mit.

Dort thut sich das Jenseits auf in Höllengluth und Glorien=
schein — hier zeigt sich das Diesseits in strahlender Verklärung.
Dante mag erhabener und umfassender sein als Theologe, aber
bei Calderon hat das Dogma unzweifelhaft reichere, schönere,
vollendetere Kunstformen gewonnen.

Calderon gibt die Zahl seiner Autos auf 68 an; damit
stimmt ungefähr die Ausgabe von Pando y Mier, welche deren
72 enthält. Man muß es darum als wohlmeinende Übertreibung
betrachten, wenn Tassis von mehr als hundert spricht. Schon
die Zahl 72 erscheint als eine bedeutende, wenn man bedenkt,
daß es sich fast um ebenso viele Meisterwerke dramatischer
Kunst handelt, in welcher der äußerst schwierige theologische
Stoff in stets neuen Formen, reizender Anschaulichkeit, staunens=
werther Bühnentechnik Leben und Gestalt gewinnt.

Die Comedias (weltlichen Schauspiele) werden von Ver=
schiedenen verschieden eingetheilt. Die den Literaturkundigen
ohnehin bekannte technische Gruppirung der spanischen Schau=
bühne hier näher zu erklären, würde zu weit führen. Um
einen allgemeinen Überblick über die dramatischen Werke Cal=
derons zu gewinnen, ist ihre Gruppirung nach Stoff und In=
halt geeigneter.

Eine klar abgeschlossene Gruppe bilden die mythologi=
schen Festspiele, welche Calderon meist für große Hoffeste
verfaßte. Es sind ihrer 17. Mehrere bezeichnen schon in
ihrem Titel die Fabel: so „Echo und Narciß", „Die Schicksale
der Andromeda und des Perseus", „Die Statue des Prome=
theus", „Apollo und Klimene", „Der Sohn der Sonne, Phaë=
ton", „Apollo's Lorbeer", „Der Golf der Sirenen". In den

andern behandelt der Dichter die Sage von Odysseus und Circe, Amor und Psyche, Achilles' Erziehung bei Thetis, den Streit der Venus und Diana u. s. w. In dem Festspiel „Die drei größten Wunder" hat er die Argonautensage, den Besuch des Theseus im Labyrinth und den Tod des Hercules und der Dejanira in eine Trilogie verbunden. Calderon lebte sich nicht in den Geist und in die Formen der alten Classiker hinein, wie Göthe in der Iphigenie, im Fragment Prometheus u. s. w., sondern bearbeitete den alten Sagenstoff in ganz freier, romantischer Weise in den drei Acten (Jornadas), in den Versmaßen und auch im Geist des damaligen spanischen Dramas. Die Ausführung war vielfach auf glänzende Decoration und sonstige Theaterpracht berechnet. Vieles in diesen Stücken wurde gesungen. Die Adonis-Sage bearbeitete Calderon in La purpura de la Rosa zu einer vollständigen Oper — denn das Stück wurde ganz gesungen. Obwohl der Kritiker Vieles an diesen Dramen zu bemängeln finden mag, was sich aus ihrer Bestimmung übrigens wieder erklärt und zum wenigsten entschuldigt, weisen doch mehrere die schönste Vollendung der Form auf. Mit seinem Prometheus ist Calderon wenigstens nicht stecken geblieben, wie Göthe, und vielleicht hat sein Prometheus den Voltaire und durch diesen wieder Göthe zur Behandlung dieses Stoffes angeregt.

Eine zweite Gruppe bilden die sogenannten **Mantel- und Degenstücke** (comedias de capa y espada), Intriguenstücke, in welchen Liebe und Eifersucht, Ehre und Verwechslung den Grund der meist sehr complicirten Verwicklung bilden. Auch sie sind theilweise schon in den Titeln charakterisirt,

z. B. „Die Dame Kobold", „Ein Haus mit zwei Thüren ist schwer zu bewachen", „Der Versteckte und die Verschleierte" (oder, wie Gries das Stück überschreibt, „Der Verschlag"), „Der erdichtete Sterndeuter" u. s. w. Sie zeichnen das damalige gesellschaftliche Leben, sowohl in seinen Vorzügen, das heißt, seinem ritterlichen ehrenhaften Geist, als auch in seinen Schattenseiten, vor Allem in dem unvermeiblichen Duell. Jeden Augenblick ziehen entrüstete Väter, eifersüchtige Rivalen, verletzte Liebhaber ihre Degen zum Zweikampf, um blutig die beschädigte Ehre wieder herzustellen oder den Roman ihrer Liebe zu siegreichem Austrag zu bringen. Was Calderon in der Behandlung dieser Stoffe auszeichnet, ist die vollendetste Meisterschaft in der Kunst der Verwicklung, die geistreiche Abwechslung und Neuheit in Ausführung ähnlicher Situationen, die poetische Schönheit der Form, edler Zartsinn in der Darstellung der Liebe und der mit der Handlung selbst innig verflochtene Wechsel von Ernst und Scherz, die sich gegenseitig heben und anmuthig verschmelzen. Val. Schmidt rechnet nicht weniger als 26 von Calderons Dramen in diese Kategorie. Sie genügen, um Calderon als einen der reichsten und glänzendsten Lustspieldichter erscheinen zu lassen. Selbst bei einer Zusammenstellung mit Molière würde er nicht zu kurz kommen, obgleich auch hier wieder die Eigenthümlichkeiten der beiden Dichter nur eine annähernde Vergleichung ermöglichen.

Schwieriger ist die Gruppirung einer Anzahl von Dramen, welche Schmidt nach der Terminologie der Spanier heroische (comedias heroicas) nennt und in deren Anordnung er von Schack abweicht. Sehr groß ist der Unterschied, praktisch genommen, nicht. Comedias heroicas nannten die Spanier jene Schauspiele, in welchen Kaiser, Könige, Fürsten, kurz gekrönte Häupter die Hauptrolle spielten. Schmidt scheidet von diesen 20 Dramen aus, deren Stoffe weder der spanischen Sage und Geschichte, noch auch der sonstigen Geschichte oder ältern Romanen angehören, und nennt diese heroische einfachhin. Diese dritte Gruppe nähert sich der vorigen dadurch, daß Liebe und Ehre auch hier wieder das Hauptmotiv der Verwicklung bilden. Doch gaben fürstliche Namen und fürstlicher Prunk den vielfach ähnlichen Geschichten in den Augen des Publikums größeres Ansehen und veranlaßten die Dichter, alle erdenklichen Fürstenthümer und Königstitel aufzubringen. Calderon selbst macht sich hierüber gelegentlich lustig:

„No hay Condesa que no diga
De Amalfi, Mantua ó Milan."

„Jede nennt sich jetzo Gräfin
Von Amalfi, Mantua, Mailand."

Diese Freiheit der Nomenclatur und die damit zusammenhängende Unabhängigkeit vom historischen Local- und Zeitcolorit wirkte übrigens gar nicht unvortheilhaft auf die Fiction, welche sich viel lebendiger und ungezwungener entwickeln konnte. Einige der trefflichsten Schauspiele Calderons gehören dieser Gruppe an, wie „Der Maler seiner Schande", „Das offene Geheimniß", „Der Graf Lucanor".

Eine vierte Gruppe bilden ebenfalls heroische Dramen im Sinne der spanischen Bühnensprache, deren Stoffe aber

theils der nationalen Sage und Geschichte, theils
älteren Romanen und Gedichten entnommen sind,
im Ganzen 16 Stücke. Liebe und Ehre spielen auch hier
wieder eine mächtige Rolle. Außer der „Belagerung von
Breda" zählen hierher: „Luis Perez der Gallicier" (eine Art
von spanischem Götz von Berlichingen), „Der Arzt seiner Ehre",
„Der letzte Zweikampf in Spanien", „Das Schätzchen des
Gomez Arias", „Der Alcalde von Zalamea", „Drei Vergel=
tungen in einer", „Lieben bis über den Tod hinaus". An
ältere Romane und Gedichte schließen sich an: „Die Brücke
von Mantible", „Argenis und Poliarch", „Das Schloß der
Lindabribis", „Die Kinder der Fortuna", „Falerina's Garten"
und das letzte von Calderons Stücken, „Leonido und Mar=
fisa". Von tieferschütternder Tragik sind die beiden viel=
genannten Dramen „Der Arzt seiner Ehre" und „Der Alcalde
von Zalamea"; im ersteren ist die Hauptfigur ein biederer,
ehrenhafter Edelmann, der die Untreue seiner Gemahlin ent=
deckt und rächt, im zweiten ein Vater, der die Verführung
seiner Tochter in schrecklicher Weise bestraft. Von hoher Kunst=
vollendung ist „Das Schätzchen des Gomez Arias", welches das
Leben und Treiben und den endlichen Untergang eines lieder=
lichen Don Juan aus der Zeit Isabella's schildert.

In eine fünfte Gruppe kann man füglich die heroischen
Dramen zusammenstellen, deren Stoffe fremdländischer
Geschichte angehören. Es sind 14, wenn man nicht mit
Schmidt 4 derselben als symbolisch in eine eigene Gruppe
stellen will. Die letzteren vier sind: „Das Leben ein Traum",
eines der bekanntesten Stücke des spanischen Dichters, „In

diesem Leben ist Alles Wahrheit und Alles Lüge" und die zwei Theile der „Tochter der Luft". Letztere zwei Dramen bilden eine der wunderbarsten Kunstschöpfungen Calderons, in welcher sich alle Eigenthümlichkeiten seiner Dichtungen in großartigster Weise vereinigen. Calderon hat darin die Sage der Semiramis in phantastisch freier Dichtung erweitert und die gewaltigsten tragischen Situationen mit der Spannung und Verwicklung seiner kunstreichen Mantel= und Degenstücke combinirt und mit dem vollsten Reichthume der Sprache ausgeschmückt. Auch die strict geschichtlichen Stoffe hat Calderon sehr frei ausgeführt, in jener phantasiereichen, echt dichterischen Weise, die man romantisch zu nennen pflegt; doch stehen sie zum Theil hinter seinen anderen Werken zurück, z. B. „Judas Maccabäus" und „Der zweite Scipio", „Die Waffen der Schönheit" (Coriolan), „Alles geben und Nichts geben" (aus der Geschichte Alexanders d. Gr.). Werthvoller ist „Die große Zenobia", „Liebe, Ehre und Macht" (aus der englischen Geschichte Eduards III.), „Kampf der Liebe und Pflicht" (ebenfalls aus der Geschichte Alexanders d. Gr.). Zu den herrlichsten Werken Calderons aber zählen die beiden der jüdischen Geschichte entnommenen Dramen „Die Locken Absalons" und „Eifersucht, das größte Ungeheuer" (die Geschichte des Herodes und der Mariamne).

Diese beiden Stücke leiten zu einer sechsten Gruppe über, welche die religiösen Dramen (Comedias divinas) und Legenden=Dramen (Comedias de Santos) vereinigt. Herr Lorinser hat diese sämmtlich als „Größere Dramen Calderons" in trefflicher Übersetzung herausgegeben. Sie ver=

dienen es in der That vor Allem, bei allen katholischen Völkern fortzuleben, weil sie einen tief ideellen Gehalt mit vollendeter Formschönheit verbinden. Es sind die 13 folgenden:

1. „**Die Sibylle des Orients**", worin der Dichter den Besuch der Königin von Saba in Jerusalem bei Anlaß des Salomonischen Tempelbaues in tiefsinniger Weise mit dem Geheimniß des Kreuzes in Verbindung bringt.
2. „**Die Ketten des Teufels.**" Aus der Legende des heiligen Apostels Bartholomäus.
3. „**Der wunderbare Zauberer.**" Legende des hl. Cyprian von Antiochien.
4. „**Die Liebenden des Himmels.**" Legende der Heiligen Chrysanthus und Daria.
5. „**Der weibliche Joseph.**" Legende der heiligen Jungfrau und Martyrin Eugenia von Alexandrien.
6. „**Die Kreuzerhöhung.**" Die Befreiung des Kreuzes aus den Händen der Perser (Chosroës), zusammengestellt mit dem Martyrthum des heiligen Mönches Anastasius.
7. „**Das Fegefeuer des hl. Patrick.**" Bekehrung eines gottvergessenen Wüstlings durch den Apostel Irlands.
8. „**Die Andacht zum Kreuze.**" Bekehrung zweier in den tiefsten Abgrund des Verbrechens gerathener Geschwister durch ihre Andacht zum heiligen Kreuzeszeichen.
9. „**Die Jungfrau des Heiligthums.**" Geschichte des Madonnenbildes von Toledo, verbunden mit der Legende des hl. Isidor und der hl. Leocabia.
10. „**Die Morgenröthe von Copacabana.**" Die Einführung

des Christenthums in Peru, verknüpft mit der Geschichte eines Madonnenbildes.
11. „**Der große Prinz von Fez.**" Geschichte der Bekehrung eines muhammedanischen Fürsten unter Dazwischenkunft der allersel. Jungfrau und dessen Eintritt in die Gesellschaft Jesu.
12. „**Das Schisma von England.**" Die Verstoßung Katharina's und Heinrichs VIII. Abfall von der katholischen Kirche.
13. „**Der standhafte Prinz.**" Geschichte des Infanten Don Fernando von Portugal, der 1443 als Geisel in Fez starb.

Leider würde es zu weit führen, den Inhalt dieser 13 Dramen weiter zu skizziren. Sie bezeichnen den Höhepunkt in der weltlichen Bühnenpoesie des Dichters und möchten wohl hinreichen, seinen Namen auf immer zu verewigen, wenn er auch die übrigen 100 Dramen nicht geschrieben hätte.

Um seine Leistungen auch nach der materiellen Seite hin zu beleuchten, ist hinzuzufügen, daß mit wenigen Ausnahmen seine Comedias sämmtlich in drei Acten (Jornadas) getheilt und vollständig in Versen geschrieben sind. Der gewöhnliche Hauptvers ist der vierfüßige Trochäus mit Reim oder Assonanz; dazwischen wendet Calderon auch wohl kürzere, meist aber längere und künstlichere Strophenformen an, hauptsächlich das Sonett, die Terzine und die achtzeilige Stanze. Auch Scherz, Komik, Volksscenen sinken nie zur Prosaform herab, was allerdings der realistischen Natürlichkeit einigen Eintrag thut, dafür aber durch künstlerische Harmonie und idealere Höhe des Ganzen entschädigt.

Die siebente Gruppe der Dramen Calderons endlich um= faßt die 72 Autos oder Frohnleichnamsspiele, welche nicht in Jornadas, sondern nur in Scenen getheilt, in Versbau und sonstiger Architektonik aber den übrigen Stücken gleich= artig sind. In ihnen entfaltet Calberon bei dem höchsten Bil= berreichthum die edelste Mäßigung, bei erhabenem Schwung die gewandteste künstlerische Berechnung, bei tiefem theo= logischen Verständniß der Mysterien die innigste Liebe und Andacht des Herzens. Erst hier lernt man Calderon voll= ständig kennen und würdigen. Auch diese Stücke lassen sich leicht nach dem Inhalt in einige Hauptgruppen zusammen= stellen:

1. **Vorbilder des heiligen Altarssacraments im alten Bunde.** „Das Lamm der Wegzehrung." „Der Baum der besten Frucht." „Die Weihe Melchisedechs." „Der erste und der zweite Isaak." „Die gefangene Bundeslade." „Die Ähren Ruths." „Die eherne Schlange." „Träume gibt's, die Wahrheit sind" (Geschichte des ägypt. Joseph).

2. **Parabolische Bilder der Eucharistie aus dem neuen Testament.** „Weizen und Unkraut." „Der verborgene Schatz." „Die Saat des Herrn." „Liebe deinen Nächsten wie dich selbst" (Parabel des barmherzigen Sama= riters). „Der gute Hirt." „Das Lamm des Isaias." „Der Weinberg des Herrn."

3. **Anderweitige Stoffe aus dem alten Testa= ment.** „Das Gastmahl Balthasars." „Das Fell Gedeons." „Der babylonische Thurm." „Ein tapferes Weib, wer findet es" (Deborah). „Das mystische und wirkliche Babylon"

(Nabuchodonosor). „Das neue Armenhospiz" (Sunamitis). „Die erste Blüthe des Carmel" (Abigail).

4. Anderweitige Stoffe aus dem neuen Testament. „Die Mysterien der Messe." „Der stumme Teufel." „Das Schiff des Kaufmanns." „Viele berufen, wenige auserwählt."

5. Stoffe aus der Legende und Kirchengeschichte. „Zu Gott durch Staatsraison" (Dionys der Areopagit). „Die Andacht zur Messe." „Der Aussatz Konstantins." „Der hl. Parnaß." „Das Herz gehört Maria" (Legende des heiligen Hauses von Loretto). „Die Militärorden."

6. Allegorien aus Welt- und Menschenleben. „Das große Theater der Welt." „Der neue Palast des Retiro." „Es gibt kein größeres Glück als Gott." „Das Generalinbult." „Die allgemeine Vacanz." „Der Garten Falerina's." „Der große Markt der Welt." „Die Erlösung der Gefangenen." „Die zweite Braut und der Triumph im Tode." „Die göttliche Philothea." „Das Leben ein Traum."

7. Allegorien aus der Natur. „Gift und Gegengift." „Der Ehestreit" (zwischen Leib und Seele). „Die Demuth bei den Pflanzen gekrönt." „Die Nahrungsmittel des Menschen."

8. Mythologische Allegorien. „Psyche und Cupido." „Der wahre Gott Pan." „Der göttliche Orpheus." „Andromeda und Perseus." „Das Labyrinth der Welt." „Der Zauber der Schuld."

Diese Gruppirung, obwohl keineswegs vollständig, gibt wenigstens eine annähernde Vorstellung von der reichen Mannigfaltigkeit dieser geistlichen Dramen. Allerdings treffen wir in denselben vielfach dieselben allegorischen Figuren wieder, allein wie Calderon selbst in der Vorrede zu den Autos des ersten Bandes bemerkt, liegt hierin kein Tadel. „Dieß rechtfertigt sich dadurch, daß, da der Gegenstand immer derselbe ist, die Stücke sich auch derselben Mittel zum Zweck bedienen müssen; noch mehr aber durch die Erwägung, daß dieselben, oft wiederholten Mittel doch jedesmal auf anderen Wegen zum Ziele gehen: auf diese Weise wird dann, nach meiner schwachen Einsicht, dieser Tadel sich vielmehr in Billigung umwandeln müssen; denn die größte Kunst der Natur besteht darin, daß sie mit den nämlichen Grundzügen so viele verschiedene Gesichter hervorzubringen weiß, und nach diesem Vorbilde möge es denn, wenn auch nicht als eine Kunst angesehen, so doch wenigstens entschuldigt werden, daß ich aus denselben Personen so viele Autos zusammengesetzt habe."

Werfen wir nach dieser flüchtigen Skizze noch einen Rückblick auf die Comedias des spanischen Dichters, so kann man sich des Gedankens kaum entschlagen, daß ihre Personen einen Maskenzug von seltener Pracht und Mannigfaltigkeit ausmachen würden, einen viel bunteren und ansehnlicheren, als Göthe zum 18. December 1818 zusammenbrachte, obwohl er nebst seinen eigenen Werken auch diejenigen Schillers, Herders und Wielands mit zu Hilfe nahm. Voran zieht die hellenische Götter- und Heldenwelt, in ihren schönsten Sagen nicht bloß fragmentarisch hinskizzirt, sondern mit höchster Kunst zu einer ganzen Reihe sinnreicher Dramen verkörpert. Ihnen folgt in buntem, fröhlichem Costüm die spanische Gesellschaft des 17. Jahrhunderts, die der Liebe und des Zweikampfes nim-

nermüden galanten Edelleute mit Mantel und Degen, die
schönen Damen mit Fächer und Blumenstrauß, gefolgt von
dem drolligen Schwarm der komischen Bedienten, der ge=
schwätzigen Zofen und des unbeholfen derbwitzigen Bauern=
volkes. Die Herrlichkeit souveräner Fürsten aus allen Natio=
nen umgibt das zahlreiche Personal der heroischen Dramen.
Ernst und selbstbewußt schreiten hinter diesem Festzug von
Kaisern, Königen und Fürsten die Helden der spanischen
Sage und Geschichte einher, umringt von den Sagengestalten
älterer Balladen und Romane. Dann kommen die Heroen
fremder Länder und Zeiten: Alexander und der zweite Scipio,
Zenobia und Judas Maccabäus, Semiramis, die „Tochter
der Luft", mit allem Zauber romantischer Sage umwoben.
Herodes und Mariamne, Absalon und Thamar leiten zu dem
herrlichsten Theil des Festzuges über, der sich um das sieg=
reiche Kreuz des Welterlösers und um das Bild der makel=
losen Gottesmutter gruppirt. Die graue Vorzeit und die letzten
Jahrhunderte, Orient und Occident, Jugend und Alter, Bi=
schöfe und Priester, Könige und Helden, zarte Jungfrauen
und stolze Krieger, bekehrte Sünder und Heilige im Glorien=
schein drängen sich um das Siegesbanner des Heilandes und
um das Bild Mariens — eine glorreiche Procession, die über
die vergängliche Bühne dieser Welt dem Himmel entgegen=
wandelt.

In den Autos thut sich dann der Himmel auf wie ein rie=
siger Dom und läßt übernatürliches Licht auf Natur, Welt
und Menschheit erstrahlen. Die endlose Mannigfaltigkeit der
Creaturen gestaltet sich hier zum einheitlichen göttlich=mensch=

lichen Weltschauspiel. Die ganze Schöpfung wird ein Dom, und in dem ungeheuren Dom richtet sich Alles auf den Altar, und auf dem Altar thront in den Juwelen dieser Erde die kleine, unscheinbare Hostie, die den Gottmenschen birgt, das Fundament und den Schlußstein der ganzen Weltgeschichte. In ihm verknüpft sich kraft hypostatischer Union Gottheit und Menschheit; in seinem wunderbaren Sacrament der Liebe verbindet sich das Geheimniß der Menschwerdung mit jenem des Kreuzestodes, der Rathschluß der Schöpfung mit jenem der Erlösung. Von hier aus zieht die ganze Weltgeschichte an uns vorüber, auf diesen Mittelpunkt lenkt sie uns zurück. Der Schleier der Gestalten verhüllt uns jetzt denjenigen, welcher der Quell aller Himmelswonne ist. Doch der dünne Schleier wird einst fallen, der Quell der Seligkeit sich uns erschließen und Liebe erfüllen, was wir geglaubt und gehofft.

Wahrhaft ehrwürdig steht der Dichter vor uns, der uns so freundlich und liebevoll durch das bunte Menschenleben hineinführt in die Poesie des ewigen Lebens. Er jammert nicht weinerlich über die Vergänglichkeit des irdischen Lebens, er fällt nicht zürnend über die Gebrechen und Sünden der Menschen her, er sieht nicht klagend zum Kreuze empor, als ob es ihm den Genuß und die Freude des Lebens verkümmerte. Rosen der Liebe umflechten das rauhe Marterholz; das Blut, mit dem es bespritzt wurde, hat sich in Juwelen einer seligen Ewigkeit verwandelt; froh und freudig blickt der Dichter zu ihm empor und umfaßt es mit beiden Armen, mit der vollen, festen Gewißheit, daß nicht das „Consummatum est" das letzte Wort der Passion ist, sondern das Alleluja.

Anspruchslos für seinen König und dessen Hof arbeitend, dachte der Dichter nicht einmal daran, vor seinem Tode noch die herrliche Sammlung seiner Schauspiele zu sammeln. Zur Herausgabe der Autos drängten ihn erst äußere Impulse und zwar sehr spät. Das gibt zu denken, wenn man diese Anspruchslosigkeit mit dem Treiben anderer literaturhistorischer Größen vergleicht. Er hat, das dürfen wir sicher sein, mit tiefster Überzeugung an den Schluß seiner Stücke geschrieben:

Laus Deo!

Calderon.

Allegorisches Festspiel zum 25. Mai 1881.

Personen.

Hispania.

Spinoza.

Nathan der Weise.

Fauſt.

Der Geiſt.

Der Gedanke.

Die ſcholaſtiſche Theologie.

Die ſcholaſtiſche Philoſophie.

Der Dichter (Calderon) und zahlreiche Perſonen aus seinen Schauspielen und Autos als Perſonal eines Festzuges, darunter:

Semiramis („die Tochter der Luft"),

Don Cäſar („Der Verſteckte und die Verſchleierte"),

Julie („Die Andacht zum Kreuze"),

Thamar („Die Locken Abſalons"),

der **Alcalde von Zalamea.**

Ein reicher, phantastischer Park.

(Im Hintergrund eine festlich gezierte Bühne. Im Vordergrund rechts der königliche Thron der **Hispania** und um denselben Sitze für deren Gefolge. Decoration der inneren Bühne: rechts ein Ritterschloß, links eine Tempelruine, im Hintergrund das Meer.)

Gesang
(hinter der inneren Bühne).

Baum der Freiheit, Baum der Gnade,
Thurm am rettenden Gestade,
Einz'ge Hoffnung, Siegesstern,
Sei gegrüßt, o Kreuz des Herrn!

Spinoza.

Pah! Noch immer dieses alte,
Dieses dumme Lied vom Kreuze!
Kann die Welt denn nie erfassen,
Daß der arme Nazarener
Nur als Vorbot' und Prophet
Eines bessern, menschenwürd'gern
Evangeliums starb am Kreuze?
Soll denn niemals hier erstrahlen
Licht der einen Allsubstanz,
Die in tausend Wechselformen

Spielt mit sich den ew'gen Tanz,
Liebend, hassend, fliehend, ringend,
Immer bauend und zertrümmernd,
In uns zweifelt, in uns schaut,
In uns Himmelwonne kostet,
In uns Höllenpeinen leidet,
In uns werdend und vergehend,
Denkt und liebt und lebt und stirbt.
Doch schon lichtet sich der Morgen,
Und der Schwarm des Nachtgevögels
Flieht in seine dumpfen Nester;
Selbst das orthodoxe Spanien
Ruft uns heut' vor seinen Dichter,
Daß die Meister wir des Wissens
Richter auch der Dichtung seien.

(**Fauſt** ſchleppt den gefeſſelten **Gedanken** herbei, **Nathan der Weiſe** den gefeſſelten **Geiſt**. Der **Geiſt** ist als junger Edelmann, der **Gedanke** als „luſtige Perſon" coſtümirt.)

Gedanke.

Laß mich los!

Fauſt.

Du biſt ja frei!

Geiſt.

Brichſt du endlich meine Ketten?

Nathan.

Ketten? Bande? Ei, du träumſt wohl?

Spinoza.

Bist ja mündig, bist ja frei.

Gedanke.

Reißt die Fesseln denn entzwei.

Geist.

Laß mich geh'n, wohin ich will!

Spinoza.

Lern erst denken klar und still.

Geist.

Frei!? — Ich war's! — Aus eig'ner Macht,
Von der Gnade nur beflügelt,
Hab' ich niemals mich dem Menschen
Feig verkauft, doch stolz ergeben
Ewiger Allweisheit Wort.
Frei bis an des Weltalls Schranken
Dehnt' ich kühn die sichern Schwingen,
Drang bis in der Gottheit Wesen
Demuthvoll und wahrheitdürstend,
Bis die Wahrheit mir gewiesen
Meines Könnens enge Grenzen.
Da kamt ihr, tollkühne Segler;
Weiter noch als diese Grenzen
Wolltet ihr mich Blöden führen,
Und von Irrfahrt bald zu Irrfahrt

Steuernd auf lichtlosen Wogen
Logt ihr mich um Licht und Freiheit!

Gedanke.

Ihr verspracht mir Himmelsnektar —
Und im dürren Wüstensande
Ließt ihr an den Pyramiden
Eures Ruhms mich Brunnen graben,
Die des Durstes Gluth nicht löschten.

Nathan.

Habt Geduld — euch geht's wie Blinden,
Denen sich das Licht erschließt,
Könnt euch nur so rasch nicht finden,
In den Glanz, der euch umfließt.

Geist.

Glanz? Was sagst du? Nichts als Nacht!

Gedanke.

Hast in's Elend mich gebracht.

Geist.

Sprachst von Duldung stets und Liebe —

Gedanke.

Gabst mir Schwarzbrod nur und Hiebe.

Geist.

Licht und Wahrheit sollt' mich laben —

Gedanke.

Hast im Erbstoff mich begraben.

Geist.

Wolltest mich zum Gott umschaffen —

Gedanke.

Gabst zum Bruder mir den Affen.

Geist.

Alles sollt' ich selbst entscheiden —

Gedanke.

Nur was ihr wollt, mögt ihr leiden.

Nathan.

So ist alle Müh' vergebens,
Die ich liebend aufgewendet,
In dem sanften Frühlingshauch
Edler Duldung, zarter Nachsicht
Aufzuthau'n des Geistes Starrheit,
Leben ihm und Lust zu geben.

Faust.

Kein Geheimniß der Natur,
Und kein Erdgeist und kein Dämon
Will erfreuen den Gedanken,
Der des Lebens Frühlingszeit
Hat in finst'rer Hast durchschmachtet.

Zweifelchen sehnt er zurück
Sich zum alten Gängelbande.

Spinoza.

Nicht gerathen scheint es mir,
Zu dem heut'gen Fest die Beiden
Mitzuführen; denn ein Blick nur
Auf die längstentbehrten Dinge
Würd' fanatisch diese Narren,
Euer Werk unmöglich machen.

Faust.

Dort die Höhle möchte passend
Sie auf kurze Zeit umfangen,
Daß sie Sehnsucht nach der Freiheit,
Sehnsucht nach dem Licht empfangen.

Nathan.

Wenn dann Calderon gerichtet,
Wollen wir heraus sie bringen,
Und es mag sie dann entzücken
Die Geschichte von den Ringen.

Spinoza.

Trefflich so! Ganz ohne Zwang
Kommt die Freiheit nie zum Siege,
Ohne Nacht ersteht kein Tag,
Keine Wahrheit ohne Lüge.

(Nathan führt den Geist, Fauſt den Gedanken zur Höhle und ſchließt ſie ein. **Hispania** tritt auf als Königin mit ſtattlichem Gefolge und begibt ſich auf den Thron.)

Hispania.

Seid willkommen, edle Herren!
Euch zu hören, ſeid ihr Deutſche,
Wohl die längſt erſehnten Gäſte,
Die zur heut'gen Freudenfeier
Von der mächtigen Germania
Ich erbeten.

Spinoza.

Edle Herrin,
Ja wir ſind von ihr entſendet,
Über Calderon zu richten.

Hispania.

Wie, zu richten? Hat der Liebling
Aller Muſen nicht ſchon längſt
Sich den Lorbeerkranz errungen,
Der die Heldenſtirne krönet;
Nicht den zarten Myrtenkranz,
Der den Liebesſänger ſchmückt;
Ziert ihn nicht die Paſſiflore,
Nicht die Palme heil'ger Dichtung?
Blumen, Sterne, Sonnenſtrahlen,
Lichte Wolken, blauer Himmel,

Land und Meer soll heut' zum Kranze
Um Don Pedro's Bild sich winden,
Der den schönen Erdengarten
Mit des Himmels Engeln schmückte,
Der die ganze weite Erde
Hob empor mit sich zum Himmel!
Wie? ihr wollt den Sel'gen richten,
Der mit herrlichen Gedichten
Seine Heimath hat gekrönt,
Dessen Lob im Himmel tönt?

Spinoza.

Königin! Es ehrt dein Herz,
Daß in jugendlicher Freude
Du den hohen Dichter rühmst.
Doch des Schönen Grund und Quelle
Ist die Wahrheit, ist das Licht.
Und seitdem des Grabes Raum
Deinen Dichter hat umfangen,
Hat die Wahrheit, müd' der Fessel,
Alter Dämme Bann durchbrochen
Wie ein Ocean sich ergossen,
Frei die ganze Welt errungen
Und mit hellem Licht erfüllt;
Soll darum der alten Freude
Nachhall heute sich bewähren,
Muß zuvor der Wahrheit Anwalt
Deines Dichters Werth erklären.

Hispania.

Traun, ihr kommt mit selt'ner Kunde,
Von der Wahrheit Durchbruch sprecht ihr
Und der mächt'gen Ueberfluthung,
Die nur mich und meinen Dichter,
Wie verlautet, mußt' verschonen.
Wer seid ihr denn, daß die Wahrheit
Euch sich nur erschlossen hätte,
Daß bei euch nur Licht und Freiheit
Kühn gesprengt der Knechtschaft Kette?
Ist die Wahrheit nicht in Gottes
Ewigen Ideen gegründet,
Licht von seinem Licht, ein Abstrahl
Seiner Harmonie und Ordnung,
Unvergänglich, wandellos?

Spinoza.

Baruch Spinoza bin ich, der Befreier,
Als Jude einst aus deinem Reich verbannt,
Als Denker jetzt der ganzen Welt genannt;
Vor mir neigt heute Scepter sich und Leier.

Ein Ziel setzt' ich der alten Gottesfeier,
Dem Kreuzesgott hab' ich sein Reich entwandt,
Die hehre Gottheit der Natur erkannt,
Todt ist des Höllenwahnes Rachegeier.

Frei magst du nun in's Herz der Gottheit blicken,

In tausendfachen Bildern lacht sie dir,
Selbst Geist und Leib, entgegen voll Entzücken.
Du bist selbst Gott, des Weltalls höchste Zier.
Leb' und genieße sonder Furcht und Bangen;
Denn sterbend hältst das Leben du umfangen.

Hispania.

Wie, ein Jude? Willst als Richter
Über meinen Glauben schalten,
Und des höchsten Amtes walten
Über meines Glaubens Dichter?

Nathan.

Nathan bin ich, wie Baruch ein Hebräer,
Gleich ihm verkannt, durchirrt' ich einst die Welt;
Bis zum Palast ich schuf mein Wanderzelt,
Hat mich gequält gar mancher böse Späher.

Doch Lieb' und Duldung bringt die Menschen näher.
Was Christ und Moslim auseinanderhält,
Was Jud' und Heiden trennt, das sinkt und fällt:
Es naht das große Weltreich uns'rer Seher.

Nimm hin den Ring, den Gott uns einst gegeben,
Ist es der rechte? Ach, ich weiß es nicht!
Halt' ihn nur fest und führ' ein menschlich Leben,

Dann führt der falsche Stein dich auch zum Licht;
Bald wird ein Wahlspruch alle Welt vereinen:
Lieb' dich und mich, thu' recht und scheue Keinen!

Hispania.

Wie, auch du bist ein Hebräer?
Wohl vom Stamme des Barabbas,
Oder gar ein Sohn des Schächers,
Der am Kreuze noch uns fluchte —

   (zu Faust)

Nicht zwar künden's deine Züge —
Doch, die Dreizahl voll zu machen,
Bist am End' auch du ein Jude?

Faust.

Ich bin der Faust und bin als Christ geboren,
Hab' Medicin studirt, Philosophie
Und Jus und leider auch Theologie,
Als Alchymist den Glauben dann verloren.

Ein wenig Christenthum blieb in den Ohren,
Sogar im Herzen! Denn man ist Genie.
Der Mensch ist etwas mehr doch als das Vieh,
Hat er dem Teufel auch sich zugeschworen.

Gelebt, geliebt, gestrebt hab' ich wie Keiner,
Das arme Gretchen kam dafür auf's Rad.
Mit mir macht' es der Satan etwas feiner.

Er taucht' mich in ein heit'res Läut'rungsbad,
Ohn' Buß' und Reu', in lauter Spaß und Wonne
Bracht' er zu Gretchen mich und zur Madonne.

Hispania.

Solches wagst du mir zu sagen,
Vetter des Arias Gomez,
Der die liebende Geliebte
Schmählich untreu ließ im Stiche,
An die Mauren dann verkaufte?
Calderon ließ ihn erhängen,
Und verspottete auf ewig,
Was du rühmst als Lebensweisheit.
Doch, ihr Herren Philosophen,
Da ihr nun einmal zu richten
Seid gekommen, ei, beliebt's euch,
Mögt ihr schelten, schmäh'n und nörgeln
Über Spaniens größten Dichter,
Während wir an seinem Fest
Dankend seines Spiels uns freuen.
Und so seid ihr eingeladen
Nach dem Schlosse Buen Retiro,
Wo des Festzugs bunte Schaaren
Zu der Prunkfahrt schon sich rüsten.

(Spinoza und Nathan folgen ihr; auch Faust will folgen, da tritt ihm eine der Damen des Festzugs als Semiramis in königlichem Schmuck entgegen.)

Faust.

Himmel! Welche Götterschönheit
Ist zur Erde hier gestiegen,
Gretchen gleich an süßem Liebreiz,

Himmlisch hehr gleich Helena?
Sprich, o Jungfrau, nein, nicht Jungfrau,
Königin muß ich dich nennen,
Königin ist nicht genug:
Göttin, sprich, was ist dein Name?

Semiramis.

Bin die Tochter nur der Luft,
Bloß ein Phantasiegebilde,
Das Don Pedro dichtend schuf.
Was von Lieb' und Leidenschaft,
Kühnem Amazonenstolze,
Haß und jäher Eifersucht,
Höchstem Glück und tiefstem Falle,
Götterwonne, Menschenqualen
In stets wachsender Verwicklung
Dichterphantasie mag träumen,
Hat er in's Titanenauge,
In die Seele mir geschrieben,
In des Wortes reichste, schönste
Melodien mir gestaltet.

Faust.

Laß mich küssen deine Hand,
Reizend schöne Amazone.

Semiramis.

Hüte dich. Denn den Geliebten
Hat der Augen sie beraubt.

Fauſt.
Laß mich huld'gen dir zu Füßen.

Semiramis.
Tod wird meine Huld nur bringen;
Tod nur dem Gemahl ſie brachte.

Fauſt.
Tod durch dich muß Leben ſein.

Semiramis.
Traum, nicht Leben und nicht Sterben —
Bin die Tochter nur der Luft.

Fauſt.
Laſſe deinen Traum mich träumen.

Semiramis.
Freue dich am Traum der Dichtung,
Aber forb're nicht vom Leben,
Daß das Leben Dichtung werde.

(Semiramis ab; Fauſt will ihr nacheilen; da tritt ihm einer
der Herren des Feſtzugs als **Don Cäſar** entgegen.)

Don Cäſar.
Halt! was wollt ihr?

Fauſt.
      Laß mich weiter!

Don Cäsar.
Steht! Sonst zieh' ich meinen Degen.

Faust.
Gut, dann sollt ihr meinen fühlen.

Don Cäsar.
Ungestraft sollt ihr nicht edle
Madrileñen hier beläst'gen.

Faust.
Kann die Schönheit es beläst'gen,
Wenn sie unsern Blick bezaubert?

Don Cäsar.
Sprecht, was führet euch hieher?

Faust.
Eure Bühne wollt' ich schauen,
Freu'n mich ihrer Meisterwerke.

Don Cäsar.
Nun, dann heiß' ich euch willkommen.
Günst'gen Tag habt ihr getroffen;
Denn es üben uns're Schaaren
Scenen aus verschied'nen Werken
Uns'res größten Bühnendichters.
Richtig habt ihr auch begonnen
Die Bekanntschaft. Denn die Liebe

Ist das erste Hauptkapitel,
Das Duell ist dann das zweite;
Und das dritte? Ha, wie nenn' ich's?
Bald sind's Schleier, bald Vermummung,
Bald ein Haus mit vielen Thüren,
Ein Verschlag, verstohl'ne Briefe — —
Wie soll der Verwechslung buntes
Maskenzauberspiel ein einzig
Wort bezeichnen? Meinethalben
Nennt es Calderon'sche Streiche!

Faust.

Nicht scheint ihr von euerm Dichter
Sehr erhaben mir zu denken.

Don Cäsar.

Ja, das sind nicht Alltagsstreiche,
Die des Stümpers Armuth decken;
Blitze sind es hohen Geistes,
Meisterzüge, Heldenstreiche,
Wunderbare Kunsttriumphe,
Wie sie das Genie nur feiert. —
Großer Meister, der des Lebens
Wirre, drollige Komödie
Scherzhaft malt in leichtem Bilde,
Daß der Liebe reine Knospe,
Ungetrübt durch Qual und Irrung,
Treu von Ritterhand beschützt,

Öffnet sich zur vollen Blume!
Großer Meister, der des Lebens
Dunkeln Traum so klar erfaßte,
Daß das Märchen ward zur Wahrheit
Und die Wahrheit ward zur Fabel!

Faust.

Aber wo, wo ist die Schuld,
Ist das schreckliche Verhängniß,
Das den freien Menschenwillen
Faßt in selbstgeflocht'nem Netze
Und die Schuld zermalmend rächt?

Don Cäsar.

Aechte Tragik sollt' ihr haben,
Daß sich eure Haare sträuben,
Daß im tiefsten Grund der Seele,
Mitleid euch und Grausen faßt.
Seht, da kommen just die rechten
Prachtfiguren uns'res Festzugs.

(Drei andere Personen des Festzugs treten auf als Julle,
Thamar und Alcalde von Zalamea.)

Faust.

Wer seid ihr, daß finst're Trauer
Euch an diesem Freudentage
Mund und Auge schwarz umnachtet?

Julie.

Hier bin ich, des Greuels Greuel!
Sünde, Blutthat, Gottesraub,
Vaterfluch, Tod meiner Ehre
War das Ende meiner Liebe —

Thamar.

Hat in Fluch verkehrt den Segen,
Hat in unermeſſ'ne Schmerzen
Davids Königshaus geſtürzt.

Alcalde.

Und als Maler meiner Schande,
Und als Arzt der eig'nen Ehre
Mal' in Blut ich meine Schande,
Heil' in Blut ich meine Ehre,
Bau' ich auf den blut'gen Trümmern
Falſcher Liebe wahre auf.

Thamar.

Kann des Frevels trübe Woge
Höher auf am Felſen ſchäumen?

Julie.

Kann die Höllengluth der Sünden
Grauſer alle Feſſeln löſen?

Alcalde.

Kann die Rache grimmer ſtrafen,
Kann das Recht gewalt'ger ſiegen?

Thamar.

Doch kein finst'res Schicksal waltet
Über Sünde, Tod und Nacht.

Julie.

Gnade Rettung noch gestaltet,
Gottes Vaterauge wacht.

Alcalde.

Liebe und Erbarmung küssen
Sich im strengen Strafgericht.
Nimmer will den Tod der Seele,
Der dem Leib das Urtheil spricht!

(Sie treten ab.)

Don Cäsar.

Kommt! Ihr sollt sie alle schauen,
Fürsten, Helden, stolze Frauen,
Tiefen Ernst und leichten Scherz.
Bald wird fassen euch ein Grauen,
Bald wird lachen euch das Herz.

(Don Cäsar und Faust ab.)

(Auf der vorderen Bühne tritt die **Theologie** auf, ihr links zur Seite die **Philosophie** als Ancilla.)

Philosophie.

Selten dürfen wir uns freuen,
Wenn Poeten krönt das Land;

Denn die meisten bloß zerstreuen
Das Gehirn und den Verstand,
Seit die selbstbewußten Geister
Sich von dir und mir gewandt,
Ohne Schule, ohne Meister
In den Urbrei sich verrannt,
Seit der Geist im Stoff versunken,
Seit das Unbewußte denkt,
Seit der Zufall, freudetrunken,
Das entgleiste Weltall lenkt.
Nachglühend klagt dem Sturme
Jener seines Daseins Qual,
Dieser schlürft, gequält vom Wurme,
Taumelnd noch der Lust Pokal.
Jener jauchzt unsinn'ge Freuden,
Dieser heult vor Wuth und Pein,
Alle Lust verrinnt in Leiden
Und in's Nichts der leere Schein.

Theologie.

Heut' doch dürfen wir uns freuen.
Meister Pedro Calderon
Ist noch von den alten Treuen,
Weiß Princip, Distinction,
Läugnet nicht, was kaum er sagte,
Baut die Welt in's Blaue nicht,
Gibt nicht Antwort, eh' man fragte,
Nacht ist Nacht — und Licht ist Licht.

Klar und hell schaut er der Wesen
Ordnung, Schönheit, Harmonie;
Aus der Wahrheit festen Thesen
Quillt ein Lenz von Poesie.
Von des Glaubens Licht gezügelt,
Dringt Vernunft in sicher'm Lauf,
Nicht geknechtet, nur beflügelt,
In den höchsten Himmel auf.
Glaube bringt, vereint mit Wissen,
In der Welt Geheimniß ein.
Ach, wer hat das Band zerrissen —
Uns in Kampf gestürzt und Pein?

Geist.
Hilfe! Hilfe!

Gedanke.
    Weh' uns Armen!

Theologie.
Horch, was ist das?

Geist.
    Helft!

Gedanke.
        Erbarmen!

Philosophie.
Ist das nicht des Geistes Stimme,
Der sich wider uns empört?

Theologie.
Des Gedankens, der im Grimme
Dich und mich nicht mehr gehört?

Philosophie.
Der Gedanke thut mir leide —
Freiheit rief man überall,
Und im bunten Narrenkleide
Flog er auf den Maskenball.

Theologie.
Und der Geist entwich den Schulen,
Die genährt ihn mild und traut,
Irrt umher mit frechen Buhlen,
Nahm die Vanitas zur Braut.

Philosophie.
Und nun sind sie hier gefangen.

Theologie.
Sind in Schulden wohl und Noth.

Philosophie.
Mögen wohl nach uns verlangen —

Theologie.
Licht ersehnen, Luft und Brod.

Philosophie.
Wollen wir sie nicht befreien?

Theologie.

Nach so schnödem Saus und Braus?

Philosophie.

Horch, wie flehentlich sie schreien!

Theologie.

Nun, so lasse sie heraus.

(Die **Philosophie** öffnet das Thor der **Höhle** — der **Geist** und der **Gedanke** eilen heraus; jener fällt vor der **Theologie**, dieser vor der **Philosophie** nieder.)

Geist.

Dank, o Dank! Verzeihe mir,
Daß so schnöd' ich dir entsprungen.

Gedanke.

Herrin! ach, wie dank' ich dir,
Daß ich meiner Haft entrungen.

Theologie.

Wer hat euch hier eingeschlossen?

Geist.

Neuere Philosophie —

Gedanke.

Liebe, Duldung und Genie.

Philosophie.

Wie? Was sagt ihr? Das sind Possen.

Geist.

Nein, die bitt're Wahrheit nur.

Gedanke.

Dieses Loch ist die Natur,
D'rin des neuen Wissens Meister
Sperren ein die kleinern Geister —

Geist.

Doch nachdem ihr uns befreit,
Nehmt uns wieder an in Gnade!

Gedanke.

Übt an uns Barmherzigkeit!

Theologie.

Wohl, es sei! Folgt unserm Pfade.

(Während sie abgehen, kommen von der anderen Seite Spinoza und Nathan zurück.)

Spinoza.

Welchem Feenlabyrinthe
Sind wir mühsam nur entronnen!

Nathan.

Süßer Duft berauscht die Sinne,
Ich weiß selbst kaum, wo ich bin.

Spinoza.
War's ein Traum nur?

Nathan.
                   War es Leben?

Spinoza.
War es Täuschung?

Nathan.
                   War es Wahrheit?

Spinoza.
Traumgestalten mich umschweben —

Nathan.
Zu viel Licht nahm mir die Klarheit.

Spinoza.
In dem schönsten aller Gärten
Prangt der fürstliche Palast;
Gold schmückt seine Prunkgemächer,
Marmor trägt die stolze Last.
In dem schönsten aller Säle
Thronet hier der Musen Reich,
Und der Dichter, der Tragöde
Wird dem mächt'gen König gleich.
Weit und herrlich ragt die Bühne,
Von der Logen Gold umstrahlt;

Reizend stolz in reicher Fülle
Sie die Welt, die ganze, malt.

Nathan.

Mit dem König froh im Bunde
Lebt der Priester hier der Kunst,
Wendet nur zum Dienst des Schönen
Des Gebieters hohe Gunst.
Fast als Märchen ist erschienen
Mir die Inquisition;
Denn die Herren vom Gerichte
Lauschten süßem Liederton;
Viele, unter ihnen Dichter,
Reichten Calberon die Hand,
Als des Beifalls dumpfe Wogen
Rauschten hin von Wand zu Wand.

Spinoza.

Und das ganze bunte Leben
Zog hin durch das Schauspielhaus.

Nathan.

Bunter kann es Keiner malen,
Leid und Freude, Wonn' und Graus.

Spinoza.

Der Olymp schickt seine Götter,
Seine Götter schickt das Meer;
Nereus tanzt mit den Sirenen

Um Odysseus' Schiff einher.
Um Medea's Hand wirbt Jason,
Einsam Ariadne klagt,
Herkules, entflammt von Liebe,
Seine kühnsten Thaten wagt.
Zarter Rosen blasse Wangen
Röthet des Adonis Blut;
Fliehend in den Lorbeerzweigen
Die verfolgte Daphne ruht.
Um Narcissus Echo's Klage
Trauernd durch die Berge tönt;
Mit Minerva der Titanen
Stolzer Häuptling sich versöhnt.
Phaeton büßt tief im Meere
Den verweg'nen Sonnenlauf;
Über Perseus, dem beglückten,
Thut sich froh der Himmel auf.
Neubelebt vom Hauch der Liebe
Feiert in dem Bühnenzelt
Ihre Kämpfe, ihre Siege
Hellas' schöne Sagenwelt.

Nathan.

Unter uns es sei gestanden:
Unverletzt ich alle fand.
Keinen von den alten Göttern
Hat man in Madrid verbrannt.
Selbst Cupido's lose Flügel

Trugen ihren Blüthenstaub,
Keines Inquisitors Zangen
Fiel das Götterkind zum Raub;
Unversehrt war auch sein Bogen
Und sein frischer Blüthenkranz.
Ach, ich glaube, viel gelogen
Haben wir aus Toleranz!

Spinoza.

Von der Sagenwelt der Alten
Nicht befangen, nicht gebannt,
Blüht des Dichters Schöpferfülle
Reicher auch im Heimathland.
Unter'm Silberstrahl des Mondes
Tönet im Kastanienhain
Stolzer Ritter Serenade,
Stiller Liebesklage Pein.
In den Kampf der Lieb' und Ehre
Mischt sich schnöde Eifersucht;
Degen klirren im Duelle,
Irrung wächst durch kühne Flucht.
Überfall, verborg'ne Thüren,
Masken, ein geheim Versteck,
List und Gegenlist, Verwechslung,
Tollkühnheit und blinder Schreck,
Schnöd getäuschte Freundestreue,
Vaterliebe, heiß und blind,
Sehnsucht, Haß und Wuth und Reue

Weben sich zum Labyrinth,
Bis in schreckenvollen Thaten
Schmach und Falschheit unterliegt,
Sich in Scherz der Wirrwarr löset
Und verklärt die Liebe siegt.

Nathan.
Welche Ritter!

Spinoza.
Welche Damen —

Nathan.
Fast hätt' ich mich noch verliebt.

Spinoza.
Jedem seiner Abenteuer
Neuen Reiz der Dichter gibt.
Jetzt scherzt und spielt mit Sternen er und Blüthen,
Wie die Fontaine spielt im Mondesstrahl,
Jetzt wühlt den Sturm er auf und läßt ihn wüthen
In wilder Riesenkraft durch Berg und Thal;
Die Leidenschaft ist länger nicht zu hüten,
Zum Untergang stürmt sie in Lust und Qual,
Titanenhaft zermalmt sie die Gesetze
Und sinkt dann hin in selbstgeflocht'nem Netze.

Nathan.
Wie lebt und glüht Geschichte da und Sage,
Vom Moderstaub der Büchergruft befreit!

Zu Poesie wird Jubelruf und Klage,
Des Raumes Schranke fällt und die der Zeit,
Ob der Chronist darob auch jammernd zage —
Die Weltenbühne dehnt sich riesenweit
Und läßt der Menschheit Streben, Leiden, Ringen
Warm und lebendig in die Seele bringen.

Spinoza.

Die dunkle Vorzeit öffnet ihre Hülle,
Aus ihren Gräbern steh'n die Kön'ge auf,
Hero'n und Völker und in bunter Fülle
Erneuert die Geschichte ihren Lauf:
Mit Gottessatzung kämpft der Menschenwille,
Unschuld und Recht wird frecher Lust zum Kauf;
Doch auf der Sündfluth grauen, trüben Wogen
Kommt licht und leis des Glaubens Schiff gezogen.

Nathan.

Nicht trostlos ringt der Mensch in dunklem Drange,
Der Himmel reicht ihm rettend seine Hand;
Er mag befrei'n sich von des Dämons Zwange:
Dann wandelt sich des Leidens Bußgewand
In Siegeszier, — die Pilgerschaft, die lange,
Führt endlich doch empor zum Vaterland,
Und durch das düst're, wirre Weltgetriebe
Dringt freudehell der Blick der ew'gen Liebe.

Spinoza.

Mein Freund, du bist Romantiker geworden.

Nathan.
Du sprichst wie einer aus dem Preb'gerorden.
Spinoza.
Ei sieh, der Spanier hat's dir angethan.
Nathan.
Nun, war's ein Wahn, es ist ein schöner Wahn.
Spinoza.
Geht's Faust auch so, was sollen wir dann sagen?
Nathan.
Wir müssen mit den Schwarzen uns vertragen.

(Faust kommt.)

Faust.
Ha! Was sagt ihr? Solche Dichter
Hab' ich wen'ge nur gefunden.
Unerschöpflich ist das Füllhorn
Seines Geistes. Wie im Frühling
Sprossen tausendfält'ge Blumen
Unter seinem Zauberstabe —
Und doch ist von einem Geiste
Seine schöne Welt beseelt.
Wie ein weiser Architekt
Fügt er ordnend Stein zu Steine
Auf dem wohlbemess'nen Raum,
Bis in weiten Blüthenbogen,

Thürmen, Spitzen und Kapellen
Sich der Bau, selbst eine Blume,
Licht und frei zum Himmel hebt.

Spinoza.

Also werden wir den Lorbeer
Dennoch ihm erkennen müssen?

Faust.

Die Geheimnisse der Bühne
Hat wie Keiner er verstanden.
Satz und Gegensatz, Verhältniß,
Licht und Schatten, Maß und Farbe,
Sanftes Gleichgewicht, Bewegung,
Alles weiß als kluger Rechner
Er zu nützen, und doch lebt,
Flammt und glüht sein buntes Spiel
Wie berauschende Musik,
Wie ein freier Traum des Herzens.

Spinoza.

Jammerschad', daß er katholisch.

Nathan.

Doppelt schad', daß er ein Priester!
Doch wir müssen uns vertragen.

Faust.

Was katholisch, was ein Priester!
Ob er Dichter war, das frag' ich.

Seines Volkes Glaubensmuth,
Seines Volkes Heldenthaten,
Seines Volkes Liederschatz
Hat sein glühend Herz umfangen,
Und aus diesem einen Quell
Ist der Dichtung Strom entquollen.
Wo wir zweifeln, schaut er sicher,
Wo wir streben, da besitzt er,
Wo wir ringen, da genießt er
Und erfaßt das Alte, Neue,
Das Einheimische, das Fremde,
Gott und Welt, Natur und Mensch
Wie in einem Silberspiegel
Ungetrübt und makellos.

Spinoza.

Fast bereu' ich meine Reise.

Nathan.

Reu' ist eben keine Tugend.

Spinoza.

Was beginnen? Offen dürfen
Wir nicht aus der Rolle fallen.

(**Hispania** mit Gefolge tritt auf.)

Hispania.

Habet ihr, hochweise Richter,

Den Proceß nun instruirt
Oder gar gefällt das Urtheil?

Faust.

Heil dir, Fürstin, deinen Dichter
Darfst du kühn den größten Sängern
Aller Zeiten zugesellen.
Nimm den Lorbeer: Deutschland reicht ihn,
Des Don Pedro Haupt zu schmücken.

Hispania.

Wie, ihr wär't mit ihm zufrieden?

Spinoza.

Viel Verstand hat er, bei Dichtern
Ist als Seltenheit das kostbar —

Hispania (ironisch).

Ihr vergaßt, daß den Verstand er
Sklavenfeig dem dunkeln Dogma,
Dem Gebot des Glaubens hingab — — —

Nathan.

Laßt uns von dem Glauben schweigen.
An dem Glauben liegt nicht viel,
Wenn wir uns nur freundlich lieben.

Hispania.

Ja! Doch wie? wenn nun der Glaube

Meines Dichters reichster Liebborn,
Seele seiner Seele war?
Konnt' die Andacht er zum Kreuz
Ohne Kreuz und Andacht dichten?
Konnt' im höchsten Seelenjubel
Er die Kreuzerhöhung feiern,
Ohne daß an's Kreuz er glaubte?
Ist des Orients Sibylle
Eine Ahnung nicht des Glaubens?
Ist der große Prinz von Fez
Ein Triumph nicht auch des Glaubens?
Ist der Principe costante
Nicht ein Martyrer des Glaubens?
Schimmert in dem Morgenroth
Von Copacabana nicht
Hell der Glaube neuen Welten?
Fragt den wunderbaren Zaub'rer,
Fragt Eugenia, die Heil'ge,
Fragt die Liebenden des Himmels,
Fragt St. Patrick, Irlands Boten,
Welches Licht des Dichters Geist,
Welche Gluth des Dichters Ader
Hat durchflammt? War's nicht der Eine
Heilige, kathol'sche Glaube?
Drum hat auf der Sonnenhöhe
Seines Lebens, seines Ruhmes
In den Staub er sich geworfen
Vor dem Bischof, um als Priester

Segnend zum Altar zu steigen,
Um als Priester auch die Bühne
Für den Glauben zu erobern.
Ja, des Priesters Segen ruht
Auf dem Garten seiner Dichtung.

Faust.

Glücklich muß dein Volk ich preisen,
Das in seines Glaubens Vollkraft
Nicht des Zweifels Fieberdurst,
Nicht der Zwietracht Gluthen fühlte,
Die mir Glück und Kraft zerstörten.

Nathan.

Wie ich sage, ist der Glaube
Heute nicht mehr an der Mode,
Halten wir uns an die Liebe.

Spinoza.

Hätte nur der Glaube nicht
Deinen Dichter so gefesselt,
Daß er frei sich nimmer rührte!
Ja, was wär' aus ihm geworden,
Hätt' er frei sich aufgeschwungen?

Hispania.

Ein Idol vielleicht der Erde,
Wie so Mancher, der entschwund'ne
Götterwelten neubelebte.

Nathan.
Hätt' er nicht der Liebe Glück
Tiefer, voller uns besungen?

Spinoza.
Hätt' der Leidenschaften Gluth
Mächt'ger nicht sein Lied durchklungen?

Nathan.
Menschlicher hätt' er empfunden.

Spinoza.
Mehr würd' er dem Geiste munden.

Nathan.
Weiter würd' sein Auge schweifen.

Spinoza.
Tiefer würd' in's Herz er greifen.

Hispania.
Weiter, tiefer, mächt'ger, voller
Hätt' er Erdenlieb' empfunden,
Hätt' er Erdenlust genossen,
Hätt' er Erdenqual erfahren:
Schöner, reiner, süßer, klarer
Wär sein Lied niemals erklungen.
Denn, in weiche Lust versunken,
Wär' des hellen Geistes Kraft,
Wär' der reine Himmelsfunken,
Wär' die Gottesgluth erschlafft.

Trunken stürmend zum Genusse,
Hätt' er an der Ordnung Pfeilern
Frech gezweifelt, frech gerüttelt,
Gottes Joch von sich geschüttelt,
Und die schöne Welt zertrümmert,
Die in Gott sich nur vereint.

Spinoza.

Eine schön're Welt zu bauen,
Rüstet sich der Menschengeist.

Hispania.

Ach, vergeblich! Ohne Gott
Starret öd' der Menschheit Garten,
Wird die Welt zum schaurig dumpfen
Räderwerk, das seine Kolben
Zwecklos dreht im weiten Raum,
Nimmer satt und nimmer hungernd,
Friedlos, ruhlos, unermüdlich
Stets zermalmt, was es gebiert.
Gottes Hauch allein vermag
Leben in den Staub zu flammen,
Aus dem flücht'gen Traum der Erde
Uns zu Ew'gem aufzuraffen,
Daß wir ew'ger Schönheit Strahlen
In dem Spiegel des Geschaff'nen
Hier auf Erden schon genießen.

(Fanfaren.)

Spinoza.
Welcher Kriegsruf!
Nathan.
Willst du uns
Gar der Inquisition
Übergeben, weil wir offen
Als ungläubig uns bekannt?
Hispania.
Nein, die Zeiten sind vorüber,
Und der Jud' wird nicht verbrannt.
Spinoza.
Also kein Auto=da=fé
Willst du über uns verhängen?
Hispania.
Bloß ein Autos, wenn ihr wollt;
Eigentlich ist's nur ein Festzug,
Den ich zu des Dichters Ehre
Halte. Laßt ihn euch gefallen.

(**Hispania** besteigt ihren Thron, **Spinoza**, **Nathan** und **Faust** lassen sich zu ihrer Seite nieder. Die innere Bühne schließt sich.)

Hispania.
Seht, da kommen eure Götter.

(**Festzug**. **Jason** und **Medea**. **Hercules** und **Dejanira**. **Theseus** und **Ariadne**. **Perseus** und **Andromeda**. **Odysseus**. **Prome-**

theus. **Minerva. Apoll. Jupiter.** — Hinter ihnen die
Idololatrie gefesselt vor dem Triumphwagen **Konstantins des
Großen.**)

Spinoza.

Warum schlägst den Götzendienst
Du in unduldsame Fesseln,
Während frei die Götter laufen?

Hispania.

Weil der Götzendienst ist Sünde,
Frevel an der Majestät
Gottes und an Menschenwürde.
Doch die alte Fabel birgt
Schöner Wahrheit gold'ne Schätze,
Die mit Recht der Dichtergeist
Aufnimmt als Ägyptens Beute,
Um mit Hoheit und mit Pracht
Seiner Kön'ge Fest zu feiern.

(**Festzug. Bauern. Fuhrleute. Zigeuner. Musikanten. Diener
und Zofen. Cavaliere und Damen.**)

Nathan.

Ach, da sind die Cavaliere
Und die schwarzgelockten Damen
Mit den dunkeln Feueraugen.

Spinoza.

Sieh! Ein heit'res Weltkind war

Doch am End' dein Dichterkönig.
Frauendienst und Liebesscherz,
Was soll das mit deinem Glauben?

Hispania.

Eh' das Kreuz die Welt befreit,
War das Weib des Mannes Sklavin,
Ohne Ehre, ohne Recht;
Erst der Glaube gab ihm Würde,
Heiligte der Liebe Band
Mit der Gnade höchster Weihe.
Doch wie Schatten folgt dem Lichte,
Wie dem Ritter der Gracioso,
Wie der Dame die Criada:
Folgt der Liebe auch der Scherz,
Und in wunderlichem Spiele,
Stets verwickelt, vielgestaltig,
Webt das Glück des Lebens Fäden,
Stört das Mißgeschick das Glück,
Flicht im Wechsel des Geschickes
Liebe endlich ihren Bund.

(Festzug. Ritter, Fürsten, Helden aus den Heldendramen. Rugero. Astolfo. Federigo von Sicilien. Arias von Parma. Cäsar Colonna. Der Graf von Montpellier. Karl von Burgund. Ines von Thüringen. Enrique von Mantua.)

Spinoza.

Italiener und Franzosen

Kommen hier — es scheinen Fürsten,
Hohe Herrn und Edelleute.

Hispania.
Deutsche auch und Castilianer
Sind dabei, romant'sche Helden,
Die für ihre Ehre stritten,
Die für ihre Liebe litten,
Die in unbezwung'ner Treue
Durch des Lebens Kämpfe schritten.

Nathan.
Grausam find' ich die Gesetze
Deiner Ehre —

Spinoza.
Spielerei!
Soll den unerlaubten Wunsch
Schon des Eh'bruchs Strafe treffen?

Hispania.
So wohl steht's, mein' ich, geschrieben
Im Gesetz der zweiten Tafel,
Das von Moses uns gekommen.
Dort auch steht: Du sollst nicht tödten!
Über viele meiner Söhne
Muß ich trauernd heut erröthen,
Daß sie, Gottes Wort mißachtend,
Tollen Zweikampfs Frevelspiel
Spielten um den Schein der Ehre,

Zornerfüllten Hähnen gleich
Zankend stets die Flügel schlugen,
Um galanter Mode willen
Todeshaß im Herzen trugen.
Doch wer drum mein Volk will schelten,
Prüf' erst seines Ruhms Genossen,
Ob das Blut so vieler Helden
Für sein Banner ist geflossen.
Wo die makellose Ehre
Gilt als unverletzlich Gut,
Da ist tapf'res Heldenblut
Auch des Vaterlandes Wehre.

(**Festzug.** Helden aus der spanischen Sage und Geschichte. **Alfonso von Castilien. Isabella von Castilien. Don Pedro der Rechtspfleger. Cespo der Alcalde von Zalamea. Gutiere Alfonso de Solis. Luis Perez der Gallicier.**)

Spinoza.

Sind das nicht die Heldenschaaren,
Welche gegen die Moriskos
Einst dein glorreich Banner trugen?

Nathan.

Wozu dieser schnöde Kampf
Um den Glauben?

Hispania.

      Glauben war
Ihrer Seele Hort und Heimath.

Für der Seele und des Leibes
Heimath sochten sie zugleich,
Da für ihren Gott sie stritten.
O daß ihre späten Enkel
Treu geblieben ihrem Gotte!
Nimmer wäre dem Ungläub'gen
Unser Glaube heut zum Spotte!

(**Festzug. Alexander der Große. Die große Zenobia. Der zweite Scipio. Judas der Makkabäer. Ninus und Semiramis. Sigismund von Polen.**)

Spinoza.

Mit dem großen Macedonier
Kommt hier Scipio der Zweite
Und Palmyra's Königin.

Nathan.

Ist das Sage? Ist's Geschichte?

Spinoza.

Hier erscheint der Makkabäer,
Ninus und Semiramis.

Hispania.

In der Fremde war mein Dichter
Nicht so heimisch wie zu Hause.
Seine Römer, Macedonier,
Briten und Orientalen —
Spanier sind's im Herzensgrunde,
Spanier auch in Wort und Sitte,

Sprechen manchmal gongoristisch:
Auch Homer schläft wohl, der Alte. —
Doch, wenn frei im Reich der Sage
Sich des Dichters Geist ergeht,
Jugendfrisch entschwund'ner Tage
Heldenzauber uns umweht.
Rauschend sprudeln dann die Quellen
Wunderbarer Phantasie'n,
Bild um Bild entsteigt den Wellen,
Blitzend Licht und Schatten flieh'n.
Fels an Fels, und Baum an Baum,
Wölbt der Wald sich hoch zum Dome,
Und im duft'gen Blüthenstrome
Wird das Leben selbst zum Traum.
Weiter, weiter flieh'n die Grenzen
Hin zum fernen Meeresrand,
Alte Heiligthümer glänzen
An dem weißen Ufersand;
Heilige Legenden schlingen
Sich um die beglückten Städte,
Und des Kreuzes Wunder singen
Alle Völker um die Wette.
Schaut, hier nahen seiner Dichtung,
Seines Herzens Lieblingshelden.
Doch sie mögen selbst euch sagen,
Was so mächtig ihn durchglüht,
Daß in späten Greisentagen
Neu der Frühling ihm erblüht.

(**Festzug.** Die Helden der größeren religiös-historischen und Legenden-Dramen: zuerst die **Sibylle des Orients** zwischen **Thamar** und **Mariamne**; dann St. **Bartholomäus, Cyprian, Chrysanthus** und **Daria, Eugenia**; darauf Kaiser **Heraclius** mit dem Kreuze, neben ihm der Mönch **Anastasius**; dann St. **Patrick** mit **Ludovicus, Ensebio** und **Julie**; St. **Ildephons** mit dem Madonnenbilde von Toledo, gefolgt von **Leocadia**, Gothen, Mauren und Spaniern; **Jupangui, Guacolda** und Indios und der **Prinz von Fez**; endlich **Katharina von Spanien**, und der standhafte **Prinz** in Ketten.)

Thamar.

Jammer, riesengroße Schuld
Lastet schwer auf Davids Haus,
Und doch ruht, uns zu erlösen,
Auf ihm Gottes süße Huld,
Von ihm geht der Heiland aus
Und befreit die Welt vom Bösen.

Mariamne.

Eifersucht, der Ungeheuer
Größtes, bricht der Schönheit Blume.
Doch schon naht dem Heiligthume
Der Ersehnte, der Befreier,
Und des Idumäers Krone
Stürzt vom blutgetränkten Throne.

Die Sibylle des Orients.

Cedern, Palmen und Cypressen

Bring' ich zu dem Tempelbau,
Der, nach Kreuzesform gemessen,
Aufragt in des Himmels Blau
Und die Völker aller Zonen
Ladet ein, mit Gott zu wohnen.

St. Bartholomäus der Apostel.

Auf Armeniens Felsenzinnen,
Wo die Arche einst geruht,
Ragt das Kreuz. Der Sünde Fluth
Muß vor Gottes Macht zerrinnen;
Gott kam selbst, uns zu erretten
Aus des Dämons Sklavenketten.

Cyprian der Zauberer.

Erloschen ist des Magus Zauberkraft;
Das Götterbild voll trügerischer Reize,
Das himmlisch mich entzückt, berauscht, entrafft,
In Asche fiel es vor dem heil'gen Kreuze.
Nur neue Qual des Dämons List sich schafft,
Ob er als Weltgebieter stolz sich spreize.
Die Handschrift ist getilgt, die mich verdammte,
Zum Himmel eil' ich, dem ich einst entstammte.

Chrysanthus der Martyrer.

Ohnmächtig klingen Cynthia's Liebeslieder,
Umsonst haucht Wollustduft der Götterhain,
Rein lebt des Geistes Hauch im Menschen wieder

Und trotzt der süßen Lust, der grimmen Pein;
Der Löwe läßt sich vor der Jungfrau nieder,
Um ihrer Ehre Schutz und Schirm zu sein,
Die Wolke öffnet sich, um voll Verlangen
Die Liebenden des Himmels zu umfangen.

St. Eugenia.

Die Wüste wird zum reichen Paradiese;
Ein Blüthenflor, den nicht die Welt gekannt,
Durchhaucht mit süßem Duft die Gotteswiese,
Und Wunder sprießt Aegyptens dürrer Sand.
Vergeblich hebt sein Haupt der Höllenriese,
Entsagung hält sein Lügenreich gebannt;
Von Meer zu Meer flieht er auf irren Wegen,
Von Gotteslob verdrängt und Gottessegen.

St. Anastasius.

Es steigt empor aus Katakombentiefen
Das heil'ge Kreuz wie frohes Sonnenlicht,
Und tausend Keime, die verborgen schliefen,
Blüh'n auf an seinem Strahlenangesicht;
Es löst der Vorzeit dunkle Hieroglyphen,
Ruft Fürstenmacht und Völker zum Gericht,
Verkündet Gottes unverjährte Rechte
Und überwindet siegreich alle Mächte.

St. Patrick.

Zu Erins fernem Strand ist schon gedrungen
Des Psalmensanges Himmelsmelodie.

Vom Zaubernetz der Hölle noch umschlungen,
Lauscht still der Wüstling seiner Harmonie,
Und von des Jenseits Schreckenswelt bezwungen,
Beugt stumm und büßend er das stolze Knie
Und küßt die Hand, die ihn von Schuld befreite,
Und tritt als Bruder an des Heil'gen Seite.

Eusebio.

Ja, in dem tiefsten Abgrund auch der Sünde
Sucht noch der Vater den verlor'nen Sohn;
Des Kreuzes Bild schaut er an seinem Kinde,
Sein Fleisch und Blut, den schwer erworb'nen Thron,
Reißt ihm vom Aug' der Täuschung finst're Binde,
Grüßt ihn mit der Erbarmung Friedenston:
Nur wer dem letzten Ruf verschließt die Ohren,
An dem ist des Erlösers Blut verloren.

St. Leocadia.

Mit off'nen Armen zieht, mit süßen Blicken,
Vor Christus her die reine Gottesmaid,
Toledo's Herrin und der Welt Entzücken.
Sie trägt der Unschuld unentweihtes Kleid,
Der Gnade Reichthum, Alle zu beglücken.
Die Sünde flieht, es fliehen Noth und Leid.
Wie Himmelstlang ertönt ihr sanftes: „Werde"
Und schafft zum Heiligthum die ganze Erde.

Jupangui der Indio.

Wie auf Toledo's altersgrauen Zinnen,

So fern im Inkareich dieß Bild erstrahlt;
Nichts Schön'res kann die neue Welt ersinnen,
Nichts Schön'res hat die alte Welt gemalt:
Die ganze Schöpfung muß Maria minnen,
Weil Aller Schuld ihr trautes Kind gezahlt;
Verklärt erblüh'n im Licht der Makellosen
Der Reinheit Lilien und der Liebe Rosen.

Muley, der Prinz von Fez.

Auch ich hab' sie geschaut, die himmlisch Hehre,
Und es zerstob des Korans Paradies;
Ihr Mutterblick besiegte meine Wehre,
Auf sel'ge Bahn den Zweifelnden sie wies.
O Welt, o Welt! Was träumst du falsche Lehre?
Schau' deines Schicksals Bücher, nimm und lies!
Wahrheit und Falschheit kannst du nicht vereinen:
Drum folg' der Jungfrau Ruf, der ewig Reinen!

Katharina von Spanien.

Scheu' nicht den Machtspruch frevelnder Tyrannen,
Die Lüge stirbt, es siegt der Wahrheit Licht.
Mag dich die Welt verstoßen und verbannen,
Zerstören kann sie deine Ehre nicht.
Wolsey's erschlich'ne Macht zieht bald von dannen,
Anna's erbuhltes Glück wie Glas zerbricht;
Rasch wandelt sich, wie Heinrichs schnöde Liebe,
Und sinkt und stirbt der Leidenschaft Getriebe.

Der standhafte Prinz.

Umfang' das Kreuz und laß dich nicht besiegen,

Und opf're Nichts von deinem heil'gen Recht.
Die Wahrheit wird und kann nicht unterliegen,
Drum widersteh' dem mäkelnden Geschlecht!
Theil' Christi Ruhm — du kannst nicht höher fliegen —
Mit ihm verkauft, mißhandelt, Sklave, Knecht,
Mit ihm gekreuzigt, leide froh und gerne;
Der Tag der Auferstehung ist nicht ferne!

(Die Personen des Festzuges gruppiren sich auf den Stufen
vor der inneren Bühne in malerischen Gruppen, zu unterst
die mythologischen, zu oberst die der religiösen Dramen.)

Nathan.

Was soll Alles dieß bedeuten?

Spinoza.

Mir davon die Ohren läuten.

Nathan.

Das ist eitel Mittelalter.

Spinoza.

Besser gingen wir, mein Alter!

Hispania.

O bleibt, und seht den Festzug noch zu Ende!

Nathan.

Ob sich zuletzt vielleicht das Blatt noch wende?
Viel hoff' ich nicht, der Quark klingt etwas Dantisch —

Spinoza.

Verzwickt, confus, katholisch und romantisch.

Hispania.

Und doch — was wir zum Festkranz hier gewunden,
Hat Calderon gedacht, geglaubt, empfunden.
In seinen großen Dramen glüht ein Geist,
Ein Grundgedanke — und das ist das Kreuz!
Nehmt es hinweg — und Alles ist verwaist,
Ein Blumenräthsel ohne Sinn und Reiz.

Faust (sinnend).

Auch ich besaß dich einst, du schöne Welt!
Warum hast meinem Blick du dich entzogen?
Einsam und zweifelnd treib' ich auf den Wogen,
Der Ruf Versinkender mein Ohr umgellt. —
Woher? — Wohin? — Mein Steuer ist zerschellt.
Umsonst sucht' ich, durch irb'sche Lust betrogen,
Ein neues Lichtreich an des Himmels Bogen,
Mein eig'nes Licht nur matt die Nacht erhellt.
Noth harrt und Tod am Ende uns'rer Leiden,
Vernichtungskrieg ward Menschheit und Natur,
An leeren Namen muß der Geist sich weiden.
Gold, Blei und Eisen eint die Völker nur,
Kein Gott versöhnt erbarmend Arm und Reich,
Kein Heiland macht in Lieb' uns Alle gleich!

(Der Festzug setzt sich fort. **Kinder** mit Blumen, Kränzen,
Guirlanden. **Sage** und **Geschichte, Theologie** und **Philo-**

sophie, je Hand in Hand, **Geist und Gedanke,** hinter ihnen
der Dichter in schlichter Priestertracht.)

Gesang.

Dichterfürst, Zier unf'rer Heere,
Unf'rer Kirche treuer Sohn,
Spaniens Ruhm, Castiliens Ehre,
Heil, Don Pedro Calderon!

Der Dichter.

Wollt zum Fürsten ihr mich machen,
Wohl, so sei's im Reich des Schönen,
Daß dem König ich und Allen
Dienen mag mit frohen Tönen.
Seit der Vorzeit grauen Tagen
Haben unf'res Sanges Scepter
In der erzbewehrten Rechten
Wack're Ritter stets getragen
Von Geschlechte zu Geschlechte,
Bis auf Lope, der im Leben
Treu es führte, dann im Sterben
Es in meine Hand gegeben:
Unverdient sollt' ich es erben.
Zagend nahm ich's. Unerreichbar
Schien es mir, des Reiches Grenzen,
Unermeßlich, unvergleichbar,
Mit noch weiter'm Land zu kränzen.
Himmel, Erde, Lied, Geschichte,
Staat und Kirche, Glauben, Wissen

Hat zum Bühnenweltgedichte
Lope's Geist an sich gerissen.
Doch sein Reich treu zu verwalten,
Stets zu rein'rer, hell'rer Klarheit
Seinen Reichthum zu gestalten,
Schien mein Ziel. Ob ich's in Wahrheit
Hab' erreicht, das mögt ihr richten.
Gott dem Höchsten galt vor Allen
Stets mein Sinnen, Lieben, Dichten:
O mög' Ihm ich nicht mißfallen!

Gesang.

Dichterfürst, Zier unf'rer Heere,
Unf'rer Kirche treuer Sohn,
Spaniens Ruhm, Castiliens Ehre,
Heil, Don Pedro Calderon!

Der Dichter.

Sollt' ich gegen wahren Glauben,
Sollt' ich gegen gute Sitten
Irgendwo verstoßen haben,
Bitt' ich kindlich Gott, den Herrn,
Bitt' ich Alle um Verzeihung,
Widerrufe und vernichte
Alles, was Gott kann mißfallen.
Wenn ich Gutes that, ihm dank' ich's,
Ihm, der Quelle alles Guten;
Laßt in seiner Liebe Fluthen

Tilgen uns des Dankes Schuld,
Loben, preisen seine Huld.

Gesang.

Dichterfürst, Zier unf'rer Heere,
Unf'rer Kirche treuer Sohn,
Spaniens Ruhm, Castiliens Ehre,
Heil, Don Pedro Calderon!

Der Dichter.

Lenkt die Blicke, lenkt die Herzen
Auf ein größ'res Schauspiel hin,
Von der Menschheit Lust und Schmerzen
Auf des Weltgedichtes Sinn!
Liebend thront in unf'rer Mitte
Christus, Gott und Mensch zugleich,
Fleht für uns mit mächt'ger Bitte,
Baut in uns sein Gottesreich.
Wein und Weizen, Korn und Reben
Wob er sich zum heil'gen Kleid,
Und verklärt zu ew'gem Leben
Kurzen Traumes Lust und Leid.
Über seinen stillen Zelten
Wölbet sich die Gottesstadt,
Lacht das Meer der sel'gen Welten,
Das nicht Grund, nicht Grenzen hat.
Dorthin wallt in raschem Gange
Unf'res Lebens Bühnenspiel.

Dorthin eilt in buntem Drange
Menschheit und Natur zum Ziel.
Raub des flücht'gen Elementes,
Stirbt der Erde Poesie,
Doch das Lob des Sacramentes,
Es verhallt auf ewig nie.

(Er tritt auf die linke Seite des Vordergrundes — rechts von ihm **Theologie** und **Philosophie**, links **Sage** und **Geschichte** — die Kinder gruppiren sich zu beiden Seiten von ihm.)

Gesang.

Mit ew'ger Liebe hab' ich dich geliebt,
Hab' dich erbarmungsvoll an mich gezogen.
Komm' aus dem Nichts! Nimm, was dein Gott dir gibt,
Trink' seiner Seligkeiten vollste Wogen!

(Während des Gesanges öffnet sich die innere Bühne. Der **Herr** im Sternenmantel, mit Scepter und Krone, schwebt auf Wolken daher.)

Der Herr.

Es werde Licht!
Flammt, Sonne, Mond und Sterne!
Trenne dich, Meer, vom festen Erdenkerne!
Schmück', Erde, dich mit Blumen, Sträuchern, Bäumen!
Auf, Leben, reg' dich in des Meeres Räumen!
Fliegt auf, ihr Vögel — schreitet hin, ihr Thiere!
Die ganze Welt sei nur ein Freudensaal:
In der Natur, die ich dem Nichts entführe,
Lab' ich den Menschen heut' zum Krönungsmahl!

(Die Vision verschwindet.)

Gesang.

Mit ew'ger Liebe hab' ich dich geliebt,
Hab' dich erbarmungsvoll an mich gezogen.
Der Schöpfung Krone heut' dein Gott dir gibt,
Trink' seiner Seligkeiten vollste Wogen!

(Vision des Paradieses. Der Herr auf königlichem Throne — vor ihm Adam und Eva in wallenden weißen Gewanden — um sie die Gestalten der fünf Sinne, der vier Jahreszeiten, der vier Elemente, der fünf Welttheile. Der Herr setzt Adam ein Diadem auf.)

Der Herr.

Nimm hin der Freiheit heil'ges Diadem,
Den schönsten Abstrahl ungeschaff'ner Sonne,
Zum Gottesthron erhoben aus dem Lehm,
Auf! theile deines Schöpfers sel'ge Wonne!
Doch selig sollst du sein durch eig'ne Wahl,
Und deine Freiheit das Gesetz erproben,
Drum nimm, genieß' die Früchte sonder Zahl,
Des Wissens Frucht nur laß am Baume droben.
Verzichtest du auf sie, wird dein sie werden,
Und Himmelslust dich laben schon auf Erden.

Die Schlange.

Iß sonder Furcht — dann wirst wie Gott du sein!

Eva.

Dich, süße, süße Frucht, dürst' ich allein.

Adam.

Wie Gott sein? — Was sind alle andern Gaben?
Frei bin ich. Diese Frucht — ich muß sie haben!
(Er rafft sich auf. Die Vision versinkt in Nacht.)

Nathan.

Das war die Muhme, die berühmte Schlange.

Spinoza.

Pah, Kinder nur macht noch das Märchen bange!

(Aus der Nacht steigt die Schuld empor, mit Medusenhaupt,
  mit Schlangen gegürtet.)

Die Schuld.

Gott hat sie gut gemacht, die schöne Welt;
Des Menschen Wille nur hat sie verdorben,
Der lichten Schönheit göttlich Bild entstellt.
Warum bin ich im Keime nicht gestorben?
Denn groß, ja riesengroß bin ich, die Schuld:
Nach Gottes Majestät bin ich gemessen.
Zertreten ist sein Ruhm und seine Huld,
Der Menschheit Lebensbaum vom Tod zerfressen.
Was zögerst du, zur Hölle mich zu raffen?
Sie brennt in mir — ich hab' sie selbst geschaffen.

(Die Schuld entschwebt.)

Gesang.

Mit ew'ger Liebe hab' ich dich geliebt,

Hab' dich erbarmungsvoll an mich gezogen.
Die Sünde hat den Frieden dir getrübt,
Die Lieb' entreißt dich ihren düstern Wogen.

(Die Nacht hellt sich auf. **Der Herr** auf seinem Throne, wie vorher; vor ihm **Noe, Japhet, Abraham, Isaak, Jakob, Joseph, Moses** und **die Propheten, Johannes der Täufer.**)

Der Herr.

Ich will verzeih'n, will nicht mein Werk zerstören,
Mein Festmahl halt' ich nicht umsonst bereit.
Auf, meine Boten! Laßt die Völker hören
Den ew'gen Rathschluß der Barmherzigkeit!
Schwach war der Mensch — drum ließ er sich bethören;
Er ist mein Kind — der Vater ihm verzeiht.
Gott wollt' er gleich sein — ja, er soll es werden,
Ihm gleich in Liebe, Demuth und Geduld;
Der Sohn, des Vaters Wort, wird Mensch auf Erden,
Es büßt sein göttlich Blut der Menschheit Schuld.
— — Ihr staunt, ihr zagt — betroffen und verwundert?
Ihr faßt den unerforschten Rathschluß nicht.
Doch auf! Und von Jahrhundert zu Jahrhundert
Laßt wachsen meiner frohen Botschaft Licht!
Zieht hin, bereitet meinem Sohn die Pfade!
Sein fernes Bild schon hat Erlösungskraft,
Die eh'rne Schlange spendet Heil und Gnade,
Das Osterlamm der Knechtschaft euch entrafft.
Ruft, fleht und betet, weckt ein heilig Sehnen
In jeder Brust, bis sich die Zeit erfüllt,

Der Heiland stillt des treuen Volkes Thränen,
Und der Dreieinige sich euch enthüllt.

Noe.

Die Arche steht — die Menschheit ist gerettet.

Japhet.

Der stolze Völkerthurm von Babel sinkt.

Abraham.

Das heil'ge Volk ist seiner Schuld entkettet.

Joseph.

Des Lebens Traum das höchste Glück uns winkt.

Moses.

Des Herrn Gesetz flammt zündend aus der Wolke.

David.

Errichtet ist der ew'ge Königsthron.

Isaias.

Sein Weltreich zeigt der Herr dem treuen Volke.

Jeremias.

Als Opferlamm am Kreuz stirbt Gottes Sohn.

Daniel.

Weltreich um Weltreich steigt hinab zum Grabe.

Malachias.

Doch ewig strahlt die neue Opfergabe.

(Das Bild verschwindet.)

Gesang.

Mit ew'ger Liebe hab' ich dich geliebt,
Hab' dich erbarmungsvoll an mich gezogen.
Sein Bruderherz ein Gottmensch jetzt dir gibt;
Bleibt dann mein Fleh'n um Liebe noch betrogen?

(Die innere Bühne öffnet sich wieder. Nacht. Die Nacht hellt sich während des Gesanges auf — man sieht die Grotte von Bethlehem. **Maria** und **Joseph** vor dem **Kinde**. **Hirten**. **Könige**. **Simeon** und **Anna**. Die **Engel**.)

Maria.

Magnificat! Der Heiland ist erschienen.

Joseph.

Ich hab' vergebens nicht auf Gott gebaut.

Anna.

O selig Loos, dem Herrn der Welt zu dienen!

Simeon.

Laß sterben mich, ich hab' dein Licht geschaut.

Erster König.

Das Gold der Liebe leg' ich dir zu Füßen.

Zweiter König.

Den Weihrauch des Gebets bring' ich dir dar.

Dritter König.

Des Leidens Myrrhe wird dein Blick versüßen.

Hirt.

Armuth wird reich an deinem Festaltar.

Erster Engel.

Ehre sei Gott im Himmelszelt.

Zweiter Engel.

Friede, Friede der armen Welt.

(Die Vision entschwindet.)

Gesang.

Mit ew'ger Liebe hab' ich dich geliebt,
Hab' dich erbarmungsvoll an mich gezogen.
Sein Leben selbst der Gottmensch für dich gibt,
Vom Kreuze fließen seines Blutes Wogen.

(Die innere Bühne öffnet sich. Dunkel. Der Kalvarienberg mit den drei Kreuzen — auf der einen Seite **Paulus** am Boden — auf der anderen **Petrus** mit den Schlüsseln, und der Chor der Zwölfboten.)

Paulus.

Wer bist du, Herr?

Stimme.

Christus, den du verfolgst.

Petrus.

Das Opfer ist gebracht. Ein göttlich Blut
Durchströmt mit neuer Kraft der Menschheit Adern,
Erfüllt das Herz mit frohem Siegesmuth.
Umsonst versucht die Schuld mit ihm zu hadern.
Wir sind erlöst. In dichten Schaaren wallen
Die Völker hin zum heil'gen Berg des Herrn,
Es füllen sich die festgebauten Hallen,
Und freudig schimmert der Verheißung Stern,
Und fröhlich quillt der reiche Siebenstrom
Vom Kreuz herab im weiten Gottessaale,
Und jubelnd ruft der Herr in seinem Dom
Die Völker nah und fern zu seinem Mahle.

(Die innere Bühne schließt sich.)

Gesang.

Mit ew'ger Liebe hab' ich dich geliebt,
Hab' dich erbarmungsvoll an mich gezogen.
Sein Fleisch und Blut dir dein Erlöser gibt,
Es fluthen in dir seiner Liebe Wogen.

(Die innere Bühne öffnet sich und zeigt das Innere eines hohen Domes. Auf dem Altar das Tabernakel mit der Monstranz, von Engeln umschwebt, links davon in malerischer Gruppe die Patriarchen und Propheten, rechts die Apostel und Heiligen — zuvorderst links die symbolische Ge=

stalt des **Alten Bundes** mit den Gesetzestafeln, rechts die des **Neuen Bundes** mit Kelch und Evangelium. Während des Gesanges tritt **der Dichter** aus dem Vordergrund zu der inneren Bühne hin, kniet nieder und reicht seinen Lorbeerkranz der Theologie, diese dem Neuen Bunde, der ihn an den Stufen des Altars niederlegt.)

Das Gesetz.

Was ahnend ich geschaut, es ist vollendet,
Die Menschheit schaart sich um das Liebesmahl;
Was ich erhofft, ersehnt, ist uns gespendet,
Der Himmel senkt sich in das Erdenthal.

Die Gnade.

In die Natur der Schöpfer stieg hernieder
Und rafft zu sich die Schöpfung mit empor.
Auf! Singt das schönste aller Jubellieder,
Das Erd' und Himmel eint in vollem Chor.

Gesang.

Tantum ergo Sacramentum
Veneremur cernui
Et antiquum documentum
Novo cedat ritui,
Praestet fides supplementum
Sensuum defectui.

(Das Bild entschwindet. Die Personen des Festzuges treten ab. **Hispania** steigt vom Throne nach der Mitte hin, mit ihr **Spinoza, Nathan** und **Faust**.)

Spinoza.

Was wir geschaut, es ist ein schöner Traum:
Wär's nur ein Traum, ich möcht' ihn gerne glauben.
Doch du verbietest mir des Wissens Baum;
Die stolze Frucht — ich muß sie dennoch rauben.

Nathan.

Was wir gehört, klingt wie ein hohes Lied,
Wie die Romanze einer ew'gen Liebe.
Nicht ungern wär' ich deiner Kirche Glied,
Wenn bei Gesang und Schauspiel nur es bliebe.

Faust.

Was wir geseh'n, gehört, hat mich erbaut,
Es ist der Schluß, nach dem ich selber strebe,
Eins soll die Menschheit sein, des Höchsten Braut:
Ob ich dieß Glück der Menschheit noch erlebe?

Hispania.

In deine Hand ist ganz dein Glück gelegt. —
Mein Dichter hat die Palme sich errungen.
Glaubst du, daß er nach ird'schem Lorbeer frägt,
Seitdem ihn ew'ge Schönheit hält umschlungen?

(Der Vorhang fällt.)

Laus Deo.

Von demselben Verfasser und in demselben Verlage sind erschienen:

Lessing's religiöser Entwicklungsgang. Ein
Beitrag zur Geschichte des „modernen Gedankens". Ergänzungshefte zu den „Stimmen aus Maria-Laach". 2.) gr. 8⁰. (IV u. 168 S.) *M.* 2.

„Baumgartner's Endresultat ist ein hartes, aber keineswegs ungerechtes ... Es ist daher Pflicht des aufrichtigen Gelehrten, dem die Wahrheit über der Parteisucht steht, nach Kräften zu streben, daß die Baumgartner'sche Studie mit ihrem scharf logischen, quellenmäßig begründeten Urtheil nach und nach die größtmöglichste Verbreitung gewinne. Den gegnerischen Schriftstellern aber können wir fortan den Vorwurf der Unvollständigkeit machen, so lange sie das Werk Baumgartner's nicht beachten und in ihrem Lob des ‚göttlichen Lessing' beharren." (Sonntagsblatt der Germania. 1877. Nro. 4.)

Longfellow's Dichtungen. Ein literarisches Zeit-
bild aus dem Geistesleben Nordamerika's. (Ergänzungshefte zu den „Stimmen aus Maria-Laach". 5.) gr. 8⁰. (IV u. 176 S.) *M.* 2.25.

„Abgesehen von dem religiös-philosophischen Kern bietet die Broschüre nach der literarischen Seite hin eine vollständige Uebersicht über die dichterischen Leistungen dieses größten amerikanischen Dichters und eine gediegene Analyse seiner bedeutenderen Werke, sowie treffliche Uebersetzungsproben schöner Stellen und Gedichte. Wir können deßhalb die anziehende Schrift nicht nur als einen schätzbaren Beitrag zur Geschichte der modernen Ideenrichtungen, sondern auch als eine sehr angenehme und belehrende Unterhaltungslektüre anempfehlen."
(Kölnische Volkszeitung. Ende Mai 1878.)

Göthe's Jugend. Eine Culturstudie. (Ergänzungs-
hefte zu den „Stimmen aus Maria-Laach". 10.) gr. 8⁰. (IV u. 154 S.) *M.* 2.

„Der rühmlichst bekannte Verfasser bietet uns eine überaus interessante Darstellung des Lebens und Strebens Göthe's in seiner

Jugend. Was er über die Mängel des Bildungsganges Göthe's, über des Dichters Charakter und Leben urtheilt, wird vielfach landläufigen Vorurtheilen widersprechen, beruht aber auf ebenso gründlichen Studien wie objectivem Urtheile. Unter der berechtigten Kritik, welche hier an den Dichter gelegt wird, schwindet freilich der Nimbus, mit dem ein unverständiger Chor von Anbetern das große Genie umgeben hat." (Germania. 1879. Nro. 235.)

„Die auf sorgfältigen Untersuchungen ruhende, höchst maßvolle Darstellung hat nicht verfehlt, im Lager der Göthe-Männer Aufregung hervorzurufen: der beste Beweis für ihre Bedeutung."
(Dr. Haffner in den „Frankfurter zeitgemäßen Broschüren",
II. Bd. 1. Heft.)

„Wir haben uns von den protestantischen Theologen, Philosophen und Geschichtschreibern emancipirt; von der protestantischen Literaturgeschichte aber und Ästhetik noch lange nicht in gleichem Maße. Und doch ist gerade dieses Gebiet besonders einflußreich. Wir können aber deßhalb uns nur Glück wünschen, daß ein hiefür so sehr begabter und wohlunterrichteter Mann, wie A. Baumgartner, nachdem er erst Lessing's Bild richtiggestellt, nunmehr auch Göthe in gleich energischer Weise sich zum Vorwurfe wählt." (Katholik. 1879. S. 542.)

„Eine eigenartige Erscheinung ist das Heft eines Jesuiten A. Baumgartner: ‚Göthe's Jugend ꝛc.', das von einseitig katholischem Standpunkt aus lieb- und begeisterungslos, aber durchaus nicht geist- und kenntnißlos über Göthe's Jugend handelt."
(Meyer's Konversationslexikon. Jahressupplement 1880—1881.
Art. Götheliteratur.)

„Streng katholisch. Behandelt in 12 Abschnitten die Jugendgeschichte, beginnend mit ‚liberaler Jugenderziehung' und mit ‚Titanenpoesie und Prosa' schließend. Beständige Wendung gegen den Liberalismus" ꝛc.

(Dr. L. Geiger, Göthe-Jahrbuch. Frankfurt a. M. 1880. S. 443.)

Bald wird von demselben Verfasser erscheinen:

Joost van den Vondel, sein Leben und seine Werke. Ein Bild aus der Niederländischen Literaturgeschichte. (Verbesserter und vermehrter Separat-Abdruck aus den „Stimmen aus Maria-Laach".)

Ueber die Artikel in den „Stimmen" äußert sich der hochwürdigste Bischof Dr. Räß von Straßburg (die Convertiten seit der Reformation. XIII. 530):

„Nachdem wir einige belehrende und erbauliche Auszüge aus der zweiten Lieferung der gründlichen biographischen Forschung von P. Baumgartner über Vondel mitgetheilt, gehen wir auf die dritte dießbezügliche Fortsetzung über, die eben im Maihefte 1880 der ‚Stimmen aus Maria-Laach' erschienen, als welche sich ausschließlich mit dem Übertritt Vondels zur katholischen Kirche beschäftigt . . . Diese Conversion an und für sich wird durch die ganze Reihenfolge der Geisteswerke des großen Dichters und Christen in ihrer Entwicklung erörtert und schlußgerecht zu Ende geführt, gleichsam chronologisch erwiesen, unangezweifelt, unerschütterlich und logisch festgestellt."

L. v. Heemstede (Literar. Rundschau. 1881. Nro. 8) sagt darüber:

„Großen Dank sind wir insbesondere — ich darf hier als geborener Holländer im Namen meiner Landsleute das Wort führen — den Studien des P. Baumgartner S. J. in dem letzten Jahrgang der Laacher ‚Stimmen' schuldig. Sein Aufsatz über unsern vorzüglichsten oder ‚puik'-Dichter Joost van den Vondel zeugt von einem so liebevollen Eingehen und Verständniß, von einer so minutiösen und gewissenhaften Prüfung seiner Werke und seines Bildungsganges, daß mancher unserer eigenen Literaturkenner hinter dem fremden Pater zurückstehen muß."